唐宋才女诗词小传

张觅 著

黄山书社

图书在版编目(CIP)数据

唐宋才女诗词小传 / 张觅著. — 合肥：黄山书社，2020.10
ISBN 978-7-5461-8098-4

Ⅰ. ①唐… Ⅱ. ①张… Ⅲ. ①女性－列传－中国－唐
宋时期 ②唐诗－诗歌欣赏 ③宋词－诗歌欣赏 Ⅳ.
①K828.5 ②I207.2

中国版本图书馆 CIP 数据核字(2019)第 004432 号

唐 宋 才 女 诗 词 小 传
TANGSONG CAINV SHICI XIAOZHUAN

张觅 著

出 品 人	贾兴权
责任编辑	秦矿玲
责任印制	李 磊
装帧设计	私书坊_刘 俊 张俊香
出版发行	时代出版传媒股份有限公司(http://www.press-mart.com)
	黄山书社(http://www.hspress.cn)
地址邮编	安徽省合肥市蜀山区翡翠路 1118 号出版传媒广场 7 层 230071
印 刷	安徽联众印刷有限公司
版 次	2020 年 12 月第 1 版
印 次	2020 年 12 月第 1 次印刷
开 本	880mm×1230mm 1/32
字 数	200 千字
印 张	7.25
书 号	ISBN 978-7-5461-8098-4
定 价	38.80 元

服务热线 0551－63533706
销售热线 0551－63533768
官方直营书店(https://hsss.tmall.com)

前言

　　中国女性文学创作源远流长，早在先秦《诗经》之中，就有女诗人的吟唱之声。虽然在几千年的封建社会里，由于"女子无才便是德""内言不出于阃"等男权思想的影响，女性才智受到了重重约束，但仍涌现了一批具有诗心巧慧、敢于用手中的笔来真实表达自己的思想与情感的女作家。她们从女性视角来反映女性的欢喜与悲苦，标志着女性主体意识的渐渐觉醒，并以其超凡才气与敏捷才思发出了属于女性自己的声音。

　　汉魏时期形成了中国女性文学创作的第一个高峰。西汉初年，汉高祖的皇后吕后、汉景帝的母亲窦太后先后干政，因政治需要，后宫女子必须具备一定才学，接受一定教育，这使得宫廷才女在汉魏颇受重视。这一期间所涌现的唐山夫人、戚夫人、班婕妤、班昭、左棻等不少才女都是宫廷女诗人，她们专注于诗歌创作，尤其是五言诗的创作，成就颇高。以班婕妤为例，她所作的《团扇歌》就成为了"宫怨诗"的代表之作，清代诗学家评其"用意微婉，音韵和平"。她的家信《报诸侄书》，被认为是至今可考的中国古代女性所写的第一篇文学批评专论，体现了她"推诚写实"的文学主张。当然除了宫廷才女之外,这个时期还出现了来自社会各个阶层的女诗人,如被称为有"咏絮之才"的谢道韫、写成盘中诗的苏伯玉妻、玲珑巧心制出莹心耀目的《璇玑图》的苏蕙等,但是她们中的很多只有一首或几首诗传世,有的连名字都没有流传下来,或者只有姓没有名,或者冠以"某某妻"的称呼。

唐代是一个盛产诗歌的朝代,产生了诸多光辉灿烂的诗篇,也产生了大量女诗人。上至女皇、皇后、女官、宫人,如武则天、长孙皇后、上官婉儿、开元宫人、天宝宫人等,下到普通百姓,如唐代四大才女薛涛、鱼玄机、刘采春、李季兰,以及姓名已不可考的7岁女子、13岁的杨容华等,都有光彩照人的诗篇传世。《全唐诗》所记载的女性作家就有100多位,诗歌有600多首。唐代女性地位较高,因此女性写作自由度较大,她们的写作视野与写作题材也较前代广阔,除了抒怀咏物,书写自己的生命体验之外,还叹兴亡、感时事、写民俗,笔触或豪迈潇洒,或细腻婉转。如鲍君徽的《关山月》、花蕊夫人的《述亡国诗》、张夫人的《拜新月》等。唐代女诗人还在古代女性诗学批评史上首先使用了"以诗论诗"这种文学批评形式,也就是论诗诗。薛涛的一些赠答之作就有评价对方的诗歌才情或叙述自己的创作体会的内容:"浩思蓝山玉彩寒,冰囊敲碎楚金盘。诗家利器驰声久,何用春闱榜下看。"唐代女诗人已经有了女性主体意识的初步觉醒,鱼玄机就自负才情,期待有一展所长的平台,渴望和男子一般建功立业,却知此想法不可能实现,因此慨然长叹:"云峰满目放春晴,历历银钩指下生。自恨罗衣掩诗句,举头空羡榜中名。"

宋代女性文学发展到了一个新的高峰,诞生了如宋代四大才女李清照、朱淑真、张玉娘、魏夫人这样才华横溢、诗书画皆通的女子。她们涉足的文体除了诗之外,还有词。她们具有过人的天赋和才能,诗词中透露出她们独特的审美个性，在审美过程中表现出既婉约纤细又自由潇洒的生命魅力。宋代出现了有"千古第一才女"之称的李清照。李清照在词作上的巨大成就，让她得以与第一流的男性文人比肩而立。她为一代婉约词宗，词作婉约清新，形成了特有的"易安体"，她还作下词学专论《词论》，在其中提出了自己对词"别是一家"本质内涵的体认，这是古代第一篇系统的词学专论。宋代理学大肆推崇"三从四德"，宋代女性的灵性虽然遭到压抑，却并不会被束缚住。与李清照齐名的朱淑真曾作下《自责》二首，慨叹"女子弄文诚可罪，那堪咏月更吟风"，"添得情怀转萧索，始知伶俐不如痴"，表达了对不公待遇的激愤与抗议。她追求自由平等的恋爱，曾大胆写下"娇痴不怕人猜，和衣睡倒人怀"的率真浪漫之作。只活了短短 24 年的女诗人谢希孟则道"英灵之气，不钟于世之男子，而钟于妇人"，坚信女性有不输于男子的才气与灵气。

到了明清时期，古代女性文学创作十分繁荣。据胡文楷《历代妇女著作考》统计，明代女性作家多达 243 人，已经超过历代的总和。清代紧承明代的发展势头，并进一步发展，女性作家有 3660 多人，开创了女性文学创作的新局面与新高度。这个时期女性创作的特点便是女性创作主体开始由宫廷女子和青楼女子向闺秀转变，涌现了大量出色的闺秀作家。

明清闺秀作家的大量涌现，跟当时江南经济文化的发展、世家大族对女子教育的重视以及文人名士对女子才智的推崇与肯定是分不开的。当时文人热衷于编辑闺秀诗集或闺秀诗话，并且普遍接受了宋代女诗人谢希孟的"英灵之气，不钟于世之男子，而钟于妇人"之思想。晚明《古今女史》编者赵世杰说："海内灵秀，或不钟男子而钟女人，其称灵秀者何？盖美其诗文及其人也。"明末清初《红蕉集》编者邹漪道：

"乾坤清淑之气不钟男子,而钟妇人。"清代小说的巅峰之作《红楼梦》中的宝玉也言:"凡山川日月之精秀只钟于女儿,须眉男子不过是些渣滓浊沫而已。"

正因为较为宽松的经济文化环境,以及较为良好的书香氛围,明清时期的闺秀比以往任何朝代都热烈地投入文学创作中,并且积极参与文学活动,赋诗题咏,结社唱和。如晚明时期叶氏午梦堂一门风雅,沈宜修与三个女儿彼此唱和,是为家庭诗社;桐城方氏家族方维仪、方孟式、方维则、吴令则、吴令仪常聚在一起吟诗作画,被称为"名媛诗社"。这些都是家族性的诗社。此外还有闺友间的唱和,如万历年间(1573—1620)"吴门二大家"徐媛和陆卿子之间的唱和。明清部分女性甚至走出闺门,游山玩水,拜师学艺,开展文学活动,拓宽文学视野,增长文学自信。她们虽然是清心玉映的闺房之秀,却也具备落落大方的林下风度。不少闺秀作家还大胆地与男性文人进行诗词唱和,比如王端淑、吴山、黄媛介等。这些唱和雅集的活动,进一步扩大了她们的文学影响力,因此便促成了地区性、师友性以及全国性的女性诗社的出现。地区性的诗社有杭州地区的"蕉园诗社"、苏州地区的"清溪吟社"等,师友性的诗社有袁枚的"随园女弟子"、陈文述的"碧城女弟子"等,全国性的诗社则有顾太清和沈善宝等在京城组建的"秋红吟社"等。《红楼梦》中的海棠诗社、桃花诗社正是当时闺秀诗社的生动写照。

明清闺秀所创作的诸种文体趋于完善,体裁也由单纯的诗词歌赋而趋向多样化,如散曲、戏剧、弹词、章回小说等。但她们最为钟情的体裁仍是诗词,诗词创作蔚为大观。闺秀作家用极其敏感的心来捕捉周围一切微小而精妙的变化,并用清新流丽、婉约优美之语体现在诗词之中,让人们惊叹其心灵世界的博大丰富。其作品的创作类型也进一步拓宽,覆盖山水、题画、咏物、题壁、咏史、和友等多种题材。其中更有相当一部分女性作家涉足女性诗学批评,她们热衷于编选女性诗文作品,撰写女性诗话和论诗诗等,如熊琏作《澹仙诗话》、沈善宝作《名媛诗话》、恽珠作《国朝闺秀正始集》、陈芸作《小黛轩论诗诗》等。这些女性作家大多具备了独立的诗学身份,女性主体意识进一步加强,她们的诗学思想也开始由零散化、碎片化逐渐走向思辨化、系统化。女性诗学批评的日趋丰富进一步刺激了女性的创作热情,且加剧了女性作品的传播度,不少女性作品因为保存在女性诗学批评之中而得以流传下来。

本系列图书用人物小传与作品鉴赏的形式,对历代女性作者及其作品进行梳理和品鉴,力求再现那个时代各个阶层的女性作者群像及其掌上心事、腕底波澜与旖旎才情。笔者希望,这三本小书,能带读者了解她们跌宕起伏的人生际遇,聆听她们荡气回肠的心灵之声,走进她们丰富细腻、瑰丽多彩的精神世界。

目录

长孙皇后

花中来去看舞蝶，
树上长短听啼莺

文德皇后长孙氏，河南洛阳人，小字观音婢，她的名字在历史上并没有记载。长孙一族从北魏至隋以来能人辈出，被称为"门传钟鼎，家世山河"。

长孙氏是隋朝著名军事家、外交家长孙晟最小的女儿，她生性俭朴，喜好读书，娴习文艺，端丽贤惠，自幼便有大家之风。整个家族都对她宠爱有加，因此对她的婚事也是格外看重。

当时唐国公李渊娶妻窦氏。窦氏为北周定州总管窦毅与北周襄阳长公主之女，智勇双全，见识超凡，年幼时就曾劝说舅父周武帝宇文邕为了北周大局优待来自突厥族的皇后。因此，长孙皇后的伯父长孙炽对窦氏十分钦佩欣赏，认为如此出色的母亲教出的子女也定是不凡，于是亲自劝说弟弟长孙晟为年龄尚幼的长孙氏与李渊的二儿子李世民结下姻亲。长孙晟欣然同意。

长孙氏虽然出身高贵，但命运颇为坎坷。她8岁时，父亲长孙晟就去世了,她和哥哥长孙无忌被异母哥哥逐出家门,年幼的兄妹二人只得投奔到舅父高士廉家,二人由舅父抚养长大。

高士廉才学颇高,博览群书,他的胸襟言谈以及学识修养对兄妹俩影响颇深。同时他也见识非凡,很有知人之能。他曾见过少年李世民,认为他虽然小小年纪,却器宇轩昂,神采飞扬,必非池中之物,定有一番作为,于是也很赞同长孙氏和他的婚约。等到长孙氏父丧期满后,高士廉就做主将已出落得端庄秀慧、娴静大方的长孙氏许配给了李世民。

13岁的长孙氏与16岁的李世民在大业九年(613)完婚。婚后,少年夫妻感情融洽、相敬如宾。他们的爱情也持续了整整一生。

他们既是凡俗中相濡以沫的一对夫妻,又是盛世中最为耀眼的一对英雄佳偶。李世民少年从军,南征北战,战功赫赫。唐朝建立后,李世民官居尚书令、右武侯大将军,受封为秦国公,后晋封为秦王。长孙氏也随之被册封为秦王妃。她更加谦恭谨慎,竭力争取李渊及其后宫对李世民的支持。

唐高祖李渊即位后,立李建成为太子。李建成自知自己的战功与威信都远远不及李世民,心中忌恨,于是与齐王李元吉一起用各种手段排挤和陷害他。而李渊优柔寡断,又偏袒李建成。为了反击,也为了夺权,李世民在武德九年(626)六月初四发动了“玄武门之变”。

玄武门之变当天,长孙氏为了支持丈夫,亲自出马勉慰诸将士,表明自己与丈夫誓同生死、不离不弃之意。将士见一贯贤德的主母此时依然如此端凝沉稳,凛凛然有大将之风,于是军心大振。玄武门之变这场惊心动魄的夺权之战最终以李世民的胜利而告终。

玄武门之变3天后,李世民被立为皇太子,长孙氏随之成为太子妃。当年八月八日,李世民登基为帝,并在登基13天后册封长孙氏为皇后。她随即成为历史上最著名的贤后——长孙皇后。而李世民也成了一代雄主——开创大唐盛世"贞观之治"的唐太宗。

长孙氏自幼便喜爱阅读，成为皇后以后依然手不释卷。她经常与丈夫一起共执书卷，谈古论今。她擅长书法，有翰墨存世，"皆具有俊才，出其柔翰，俱各精妍"，但现已散佚。她诗文俱精，编写有古代女性事迹《女则》10篇，自为序，又曾为论驳东汉明德马皇后不能抑退外戚，令其当朝贵盛，乃戒其车马之侈。而如今她的诗文差不多都已失传，仅存《春游曲》一首：

上苑桃花朝日明，兰闺艳妾动春情。
井上新桃偷面色，檐边嫩柳学身轻。
花中来去看舞蝶，树上长短听啼莺。
林下何须远借问，出众风流旧有名。

这首诗作于贞观初年，描写的是长孙皇后在上林苑中游春时所见之景。春日宫苑之中，新桃嫩柳，舞蝶啼莺，春意盎然，引人沉醉。而诗中也展现了她的巧妙心思，"新桃偷面色"，其实说的是女子面容娇美；"嫩柳学身轻"，也是暗示女子身姿轻柔；而"舞蝶"和"啼莺"也是以物喻人。最后则是自负自己的林下之致，风流之才。长孙氏当皇后时还是韶华年龄，诗中一派青春气息与活泼姿态，展现出她端庄优雅之外的别样风韵。唐太宗很是喜爱这首诗，"见而诵之，啧啧称美"。

长孙皇后性格刚直，聪慧过人，并且心怀悲悯，体恤下情。有一日她和唐太宗到御花园赏春景，见身边有一群宫女眼角都已有皱纹，显然已不年轻。于是长孙皇后关心地问她们多大年纪了，什么时候进宫的。宫女们据实回答，她们是隋朝时进宫的，居于宫中已经快20年了。长孙皇后心中怜悯，不忍深宫禁锢了女子的青春与年华，便劝说丈夫将她们放出宫去。于是唐太宗下令，将20岁以上的宫女全部放了出去。

唐太宗对长孙皇后一向爱重，因此也看重她的家人，对他们委以重任。但长孙皇后为了防止外戚专权，坚决反对。她也尽可能地去护卫朝廷贤良。有一次，魏徵直言相谏，惹怒了唐太宗，下朝后太宗怒气冲冲地说要杀了魏徵，而长孙皇后赶紧穿上朝服站在庭院内，太宗惊奇地问这是何故。皇后说："妾闻主明臣直，今魏徵直，由陛下之明故也，妾敢不贺！"太宗这才转怒为喜，也就消减了对魏徵的恨意，转而思考起他谏言中的深意。正因为君明臣直，皇后贤惠，大唐终于迎来了"贞观之治"。

贞观八年（634），长孙皇后陪同太宗在九成宫避暑期间，身染重疾。《新唐书》载，太子为了她的病情，请求大赦天下以免灾，又想请道人施法，祓塞灾会。长孙皇后却阻止他说："死生有命，非人力所支。若修福可延，吾不为恶；使善无效，我尚何求？且赦令，国大事，佛、老异方教耳，皆上所不为，岂宜以吾乱天下法！"

贞观十年（636）六月，长孙皇后在立政殿崩逝，终年36岁，谥号文德皇后。唐太宗非常悲痛，道："以其每能规谏，补朕之阙，今不复闻善言，是内失一良佐，以此令人哀耳！"唐太宗也遵从皇后遗愿，营山为陵，是为昭陵。

长孙皇后先后为唐太宗李世民诞下三子四女。后来儿子李治继位，是为唐高宗。

　　徐惠是湖州长城（今浙江省长兴县）人，唐朝果州刺史徐孝德之女，自小便有神童之称。据说她5个月大时能叫出父母的姓名，4岁通《论语》及《毛诗》，能把四书五经倒背如流。

　　8岁时，父亲想考考她，于是要她拟《离骚》作诗，徐惠微一思索，便作了一首诗：

　　仰幽岩而流盼，抚桂枝以凝想。

　　将千龄兮此遇，荃何为兮独往？

　　诗句典雅清丽，隐隐然有《离骚》之风，盛行于世。她父亲大感惊异。而徐惠不仅聪慧，而且勤奋，闺房之中遍涉经史，手不释卷。

　　徐惠多才的名声远扬，终于传到了唐太宗耳中，于是唐太宗下令将徐惠召进宫中。一见之下，太宗只觉她清丽秀雅，满腹诗书，于是大喜,将她纳为才人。

进宫之后,徐惠十分高兴,因为宫中的藏书超过任何一个地方,她得以有机会遍览群书。于是徐惠终日临风捧卷,满溢书卷气,才学更加渊博,文思也更加敏捷,"其所属文,挥翰立成,词华绮赡"。

唐太宗也是爱才之人,看到徐惠如此好学,对她很是欣赏,后来便封她为婕妤,接着又升为充容,后升为昭容。太宗爱屋及乌,还提升其父亲为礼部员外郎。

徐惠聪明过人,虽然满腹经纶,却不是那种死读书的书呆子,而是娇俏灵秀,颇有小女儿情趣,带给了太宗很多的惊喜与快乐。

有一次,太宗召见徐惠,徐惠姗姗来迟,太宗很是生气。于是徐惠微微一笑,写了这首诗给他:

朝来临镜台,妆罢暂裴回。
千金始一笑,一召讵能来。

这首小诗轻松纤巧,很有情趣。一早起来便对镜梳妆,梳妆完毕便徘徊良久,等待太宗召见。可是太宗想见她,她偏又狡黠地说不去。古人有千金买一笑,陛下您一纸召书就能把我召来吗?这首诗欲说还休,带有一份天真骄傲的小女儿心思。太宗看了这首诗之后,怒气一下子全消了,大笑不止。《唐诗纪事》记载了这件事:"长安崇圣寺有贤妃妆殿,太宗曾召妃,久不至,怒之,因进是诗。"后人曾作诗称赞徐惠这首《进太宗》:"拟就《离骚》早负才,妆成把镜且徘徊。美人一笑千金重,莫怪君王召不来。"

徐惠虽然深受太宗宠爱,但她也清醒地认识到了后宫嫔妃的君恩难驻,感叹汉代陈阿娇失宠后悲惨的命运,曾经作过一首《长门怨》:

旧爱柏梁台，新宠昭阳殿。

守分辞芳辇，含情泣团扇。

一朝歌舞荣，夙昔诗书贱。

颓恩诚已矣，覆水难重荐。

据统计，现存以《长门怨》为题的唐诗共计 37 首，涉及 33 位诗人，徐惠是唐代同题诗歌中唯一的嫔妃和女性作者。

她曾作《赋得北方有佳人》，描写宫廷之中轻歌曼舞的悠闲生活，风度端雅，言辞艳丽：

由来称独立，本自号倾城。

柳叶眉间发，桃花脸上生。

腕摇金钏响，步转玉环鸣。

纤腰宜宝袜，红衫艳织成。

悬知一顾重，别觉舞腰轻。

即使是应制之作，徐惠也不落窠臼，显示出自己独到的视角和笔锋，如《秋风函谷应诏》：

秋风起函谷，劲气动河山。

偃松千岭上，杂雨二陵间。

低云愁广隰，落日惨重关。

此时飘紫气，应验真人还。

和她以往柔美端雅的笔调不同，这首诗意境雄浑，大气壮阔。

　　徐惠不仅才貌双全,且有一颗忧国忧民之心。贞观二十二年(648),唐太宗东征高丽,同时大建宫室。徐惠写了一篇《谏太宗息兵罢役疏》,指出"黩武玩兵,先哲所戒";"秦皇并吞六国、晋武奄有三方,反成覆败之业";"地广者,非长安之术;人劳者,为易乱之符";"有道之君以逸逸人,无道之君以乐乐身",剖析常年征伐、大兴土木之害,希望太宗能够多加节俭,休兵罢战。此文笔力雄健,言辞恳切。太宗读完之后,惊叹于徐惠的见识与高才,对她更是大加称赞。

　　贞观二十三年(649),太宗病逝。太宗虽然年长她许多,却是一代英雄明主,徐惠对他是倾心之爱。因此太宗死后,徐惠痛不欲生,忧思成疾,说道:"吾荷顾实深,志在早殁,魂其有灵,得侍园寝,吾之志也。"病榻之中,徐惠还写了不少诗,以寄托自己对太宗的深切怀念。

　　第二年,徐惠便郁郁而终,时年 24 岁。唐高宗李治被她的真情感动,追封她为贤妃,并将她葬于太宗陵墓石室,了却她"得侍园寝"的心愿。

武则天

花须连夜发，
莫待晓风吹

武则天，并州文水（今山西省文水县）人。她是中国历史上唯一的女皇帝，是杰出的政治家，也是一位文学家和书法家。她著有《垂拱集》100卷、《乐书要录》10卷、《字海》100卷等，现均已散佚。

武则天的父亲武士彠是一个经营木材的商人，家中豪富，隋末为鹰扬府队正。唐高祖李渊起兵反隋时，武士彠出钱资助李渊起兵，并为大将军府铠曹，随军入长安。唐朝建立后，李渊将武士彠列为开国功臣，封他为工部尚书、应国公。

武德三年（620），武士彠原配病逝，他娶了杨达的女儿为继妻。杨氏共生了3个女儿，武则天排行第二，她遗传了父亲的精明智慧和母亲的才思敏捷。相传在她小时候，著名术士袁天罡曾到武家做客，当看到还穿着男孩衣装的武则天时，袁天罡惊道："可惜是个男孩，如果是个女孩儿的话，一定能当上皇帝。"

在武则天12岁时，武士彠病逝，由于武士彠的两个儿子不是杨氏亲生,对杨氏母女态度恶劣。杨氏无奈之下,只得带着3个女儿到长安投奔亲戚。少女武则天就这样随着母亲来到了长安。

桂阳公主的驸马杨师道是杨氏的堂兄,她和杨氏来往较多,渐渐地,桂阳公主喜欢上了灵动聪慧的少女武则天,就常常在唐太宗李世民和长孙皇后面前提及。提得多了,李世民对武则天也就有了印象。武则天14岁时,李世民亲自点名要武则天入宫,定为五品才人,并赐"武媚"称号。

有一天,武则天在御花园里诵读《诗经》,被李世民撞见,见她聪慧好学,于是安排武则天到自己的书房工作,职责就是伺候笔墨。因为一些重大的事件,李世民往往请大臣们在书房内商议,所以在伺候笔墨的过程中,武则天学到了关于国家执政方略的知识。

武则天性格与一般女子不同,明艳爽朗,处事果断,也甚为唐太宗所欣赏。据她自己登基称帝之后回忆说:"太宗有马名师子骢,肥逸无能调驭者。朕为宫女侍侧,言于太宗曰:'妾能制之,然需三物,一铁鞭,二铁楇,三匕首。铁鞭击之不服,则以楇楇其首,又不服,则以匕首断其喉。'太宗壮朕之志。"太宗虽然欣赏她,但并不甚宠爱她,入宫12年,她一直是个小小才人,也没有为太宗生下子女。

李世民年事已高,自觉身体不适,想让太子李治尽快提高执政能力,于是常让李治到书房旁听。这期间,武则天与太子李治有了一些接触,李治性格温和怯弱,被刚强果断又美貌出众的武则天所吸引,两人开始暗中来往。当时,李治22岁,武则天26岁。

贞观二十三年(649),唐太宗李世民病逝,终年52岁。武则天被迫去了感业寺出家为尼。临走之前,李治跟武则天约定,等他做了皇帝,就接她入宫。

感业寺中的生活清苦孤独,而武则天怀揣着一线希望等待着李治接她回宫。等待的日子是难熬的,何况她对李治是真的动了感情。这段日子，她写下了著名的《如意娘》：

> 看朱成碧思纷纷，憔悴支离为忆君。
> 不信比来长下泪，开箱验取石榴裙。

　　一个女子因思念她的夫君而憔悴失色，精神恍惚，竟把朱红之色都看成了青碧之色。她所流下的相思之泪，将石榴裙都浸染得泪痕斑斑。这首诗缠绵悲戚，柔情缱绻，谁想到是出自一代女皇武则天之手呢？

　　当时她不过 26 岁，绮年玉貌，青春正好，怎甘心如此孤独终老？漫漫长夜里，她多少次泪落如珠，思念那个远在长安大明宫里的人。而那人已贵为皇帝，身边花团锦簇，他还会想起她吗？未来如此不可知测，让她忐忑而又惊慌。

　　那时的武则天，不会想到以后她会有权倾天下、俯瞰万人的一天。她只是一个思念爱人的平凡女子，倚门张望，害怕青春老去，害怕爱情褪色。但武则天是幸运的。唐高宗李治是个温和而重情的人，对她始终念念不忘。不久高宗李治来到感业寺，再见到武则天，两人相对流泪，旧情复燃，李治便将她接回宫中。此时的武则天经过感业寺艰苦岁月的磨炼，已经不是当年娇柔巧笑的媚娘了，明断果决的霸气仍在，而且更多了深沉的心计。

　　她回宫之后，斗倒了王皇后、萧淑妃，终于在后宫争斗中笑到了最后，先后成为了武昭仪、武宸妃，最终成为了大唐皇后。显庆五年（660），高宗患头眩病，委托皇后处理朝政，武则天就此正式登上政治舞台。此后武则天内辅国政 20 余年，时人称高宗为天皇，武后为天后，谓之"二圣"。

　　高宗逝世后，武则天作为唐中宗的皇后、唐睿宗的皇太后临朝称制，期间，她改名为"曌"，这个"曌"字是武则天自己造出来的。她认为自己好像日、月一样光芒照人,高高挂于天空之上。再后来,她废除了几个儿子的皇位,于天授元年(690)登基,改国号为周,自称"圣神皇帝",成为中国历史上唯一一位女皇帝。

武则天当政期间,虽然刑法严峻,但她积极抵御外侮,收复安西四镇,勇于纳谏,赏罚分明,选拔人才,因而唐朝经济繁荣,百姓安居乐业。当时人口激增,从380万户增长到615万户。她雄才大略,奖进文学,汇集英才,编纂文典,有说唐代文学之盛,尤在武则天执政以来。《资治通鉴》评价她:"政由己出,明察善断,故当时英贤亦竞为之用。"她还令刘思茂等人编纂《列女传》20卷、《古今内范》100卷,充分肯定女性的文学价值和历史意义。李白在《上云乐》诗中提出"中国有七圣",其中之一就是武则天。

她精明强干,行事果断,敢作敢为。她的诗作中已经没有了那一份柔情旖旎的女儿心思,取而代之的是俯瞰天下、号令寰宇的霸气,如这首《腊日宣召幸上苑》:

明朝游上苑,火急报春知。
花须连夜发,莫待晓风吹。

这首诗的背后也有一个故事,这个故事在《镜花缘》中也有记载,不过把它神话化了。武则天有一日酒醉后到御花园赏腊梅,只见腊梅几枝旁逸斜出,未免孤寂,一时兴起,写下此诗,下诏让百花齐放。这诏书一下,各花的花神着了慌,赶紧去找百花仙子,却遍找不着。迫于武皇威势,除了牡丹仙子还在寻找百花仙子外,其他花神各归其位。第二天果然百花齐放,姹紫嫣红,好不热闹。武则天大喜,亲临御花园,却见百花之中只有牡丹未开。她见状大怒,便令人用炭火炙烤牡丹花枝。这时牡丹仙子刚刚归位,在炭火之中,牡丹纷纷开放。但武则天余怒未消，从此将牡丹花贬去洛阳。虽然是小说家言，但也可以看得出当时武则天在人们心中的威势。

武则天"素多智计，兼涉文史"，著有乐府多章，《全唐诗》现存诗46首。写景之作对仗工整，清新生动，如《游九龙潭》：

> 山窗游玉女，洞户对琼峰。
> 岩顶翔双凤，潭心倒九龙。
> 酒中浮竹叶，杯上写芙蓉。
> 故验家山赏，惟有风入松。

除了诗歌之外，武则天还写有一篇人物传记《苏氏织锦回文记》，写的是前秦著名才女苏惠的故事，字里行间蕴含着对苏惠才华的欣赏赞叹之意，称她的《璇玑图》才情之妙，超今迈古，文字洗练优美，叙事颇为生动。

武则天除了精通史籍诗文之外，还精于书法，尤其精于飞白书和行草书。她勤奋聪慧，公务之余时时揣摩名家书迹，终成书法家。《宣和书谱》载："后初得晋王导十世孙方庆家藏书迹，摹拓把玩，自此笔力益进。其行书有丈夫气。"

武则天当年曾以飞白书把大臣姓名写出来赐给他们，有大臣就上表说："蒙恩作飞白书，题臣等名字垂赐，跪呈宝贶，仰戴琼文，如批七曜之图，似发五神之检。冠六文而首出，掩八体而孤骞……钟繇竭力而难比，伯英绝筋而不逮。则知乃神乃圣，包众智而同归；多才多艺，总群芳而兼善。"

神龙元年(705)，武则天退位，成为中国历史上唯一一位女性太上皇。同年12月武则天病逝，在位整整15年，去世时82岁，谥号则天大圣皇后。她与高宗合葬乾陵，留下一座无字之碑。

上官婉儿

书中无别意，惟怅久离居

上官婉儿，陕州陕县（今河南省三门峡市陕州区）人，祖籍陇西上邽，唐代女官、诗人。她是唐代宰相、诗人上官仪的孙女，有"巾帼宰相"之名。

上官仪甚工诗，其诗绮错婉媚，被称为"上官体"。因而他成为了初唐著名的御用文人，常为皇帝起草诏书。据《隋唐嘉话》载，上官仪凌晨入朝，巡洛水堤，步月徐辔，即兴吟咏了一首音韵清亮的《入朝洛堤步月》：

脉脉广川流，驱马历长洲。

鹊飞山月曙，蝉噪野风秋。

当时一起等候入朝的官员们听到此诗，钦佩不已，望着上官仪仿佛望着衣袂飘飘的神仙一般（"群公望之，犹神仙焉"）。

　　上官仪还归纳六朝以来"六对""八对"之说，于律诗的形成大有推进。上官婉儿继承了祖父的诗风，其诗"浓笔显丽，光明耀眼"，使"上官体"天下闻名。曾有人评曰："武后时，妇女之能文者，上官婉儿其第一也。"

　　上官婉儿虽然出身显贵，但出生不久家族便已遭罪。上官仪被唐高宗李治召入宫中起草废后诏书，武则天收到消息后立刻赶到。唐高宗赶紧把责任都撇到上官仪身上，推说都是上官仪教唆的。武则天对上官仪更不留情，下令将他下狱赐死，而他的家眷则入宫为奴。当时上官婉儿不过是小小的婴儿，却遭此横祸，跟着母亲进了宫。

　　据说上官婉儿出生的时候，她母亲郑氏曾经做了一个梦，梦见有一个人给了一柄秤给她，并说持此秤可以量天下。郑氏以为生下来肯定是个男孩，没想到却是个粉妆玉琢的女孩儿。郑氏自然大失所望，对着这个小小婴儿说："难道称量天下的就是你吗？"小婉儿居然咿咿呀呀的，好像在说"是"。郑氏没有料到的是，日后婉儿真的成为了中国历史上最出名的才女之一。

　　郑氏出身于书香门第，虽然家族已败，沦为宫奴，但她仍然重视对女儿的教育，借打扫书库之便，每日为女儿带书读。于是，小小的婉儿得以博览天下之书，除了诗词歌赋，也遍览经史。她本来就天资聪颖，闻一知十，提笔便能挥洒作文。母亲见女儿玲珑剔透，心中更是安慰欢喜。

　　14 年过去了，在母亲的精心培养与教育下，婉儿已出落成一个亭亭少女，美貌过人，聪达敏识，才华出众，"有文词，明习吏事"，"天性韶警，善文章"。这样出色的女子在宫女之中，宛若一颗熠熠明珠，光芒是遮掩不住的，很快，她引起了武则天的注意。

　　这一年婉儿被武则天召进宫中，当场命题。婉儿文不加点，一挥而就。武则天万万没料到冷暗孤寂的宫中居然蕴有这样晶莹剔透、灵秀轻盈的诗心，而其书法之柔媚秀雅，也宛若字字簪花。武则天看后大悦，当即下令免去上官婉儿奴婢身份，拜为婕好，让其掌管宫中诏命，成为自己的得力助手。

后来高宗宴群臣，赏双头牡丹，令众人赋诗，上官婉儿一联云："势如连璧友，心似臭兰人。"举座皆惊。武则天自然更加赏识婉儿，还把她提拔为自己的贴身秘书，处理奏表，参决政事。婉儿实际上成为了武则天政治上的代言人。

婉儿因忤旨触怒了武则天，论罪当诛，但武则天爱惜她的才华，"黥而不杀"。婉儿因额有伤痕，便在伤疤处刺了一朵小巧玲珑的红梅花进行遮掩，谁知却更增美貌。宫中人竞相仿照，都在额上配以花钿。段成式在《酉阳杂俎》里有这样一段记载："今妇人面饰用花子，起自上官昭容，所制以掩黥迹。"

上官婉儿博览群书，虽公务繁忙，仍手不释卷。她也酷爱藏书，曾藏书万余卷，并且所藏之书她都一一用香薰过，翻看书籍之时，沉香袅袅浮动。许多年后，上官婉儿已经不在人世，她所收藏的书籍纷纷流落民间。这些书打开之后，依然芳香扑鼻，且无虫蛀。

上官婉儿流传下来的诗作不多，有一首清丽含蓄的闺怨诗《彩书怨》：

叶下洞庭初，思君万里余。
露浓香被冷，月落锦屏虚。
欲奏江南曲，贪封蓟北书。
书中无别意，惟怅久离居。

据说这首诗是婉儿写给章怀太子李贤的。李贤是武则天的第二个儿子，英明智勇。婉儿暗自倾心于他，在这首诗里抒发了缠绵悱恻的相思之情。但李贤不见容于武则天，这份爱注定是没有结果的，李贤被武则天杀死后，婉儿把这份初恋情怀永远埋在了心底，从此，历史上的上官婉儿永远是那个摇笔云飞、文采风流的巾帼宰相形象。

武则天死后，唐中宗复位。婉儿此时被中宗封为昭容。中宗性格柔弱，朝廷的权力实际上掌握在韦后、安乐公主、上官婉儿以及太平公主手上。这时候上官婉儿劝中宗扩大书馆，增设学士，中宗采纳了她的建议。于是，"十数年间，六合清谧，内峻图书之府，外辟修文之馆，搜英猎俊，野无遗才"。在上官婉儿的努力下，天下英才几乎都被选拔殆尽，这对当时唐朝文化的发展与繁荣大有好处。

中宗朝是奉和应制诗的一个高峰期。中宗雅好文学，登基后更是喜好游乐吟赏。《资治通鉴》记载："（中宗）每游幸禁苑，或宗戚宴集，学士无不毕从，赋诗属和。"上官婉儿每次都代替中宗、韦后、长宁公主、安乐公主作文，数首并作，诗句优美，各有文采，时人大多传诵唱和。

对大臣所作之诗，中宗又令上官婉儿进行评定，名列第一者，常赏赐金爵。《唐诗纪事》记载了一则她评诗的故事："中宗正月晦日幸昆明池赋诗，群臣应制百余篇。帐殿前结彩楼，命昭容选一首为新翻御制曲。从臣悉集其下，须臾纸落如飞，各认其名而怀之。既进。唯沈、宋二诗不下。又移时，一纸飞坠，竞取而观，乃沈诗也。及闻其评曰：'二诗功力悉敌，沈诗落句云：微臣雕朽质，羞睹豫章材，盖词气已竭。宋诗云：不愁明月尽，自有夜珠来，犹陟健举。'沈乃服，不敢复争。"可谓品评到位、见识非凡。她终于成为了"天下文宗"，是那个时代诗坛的领袖人物。

从14岁起，上官婉儿便接近于唐代最高权力中心，在前廷与后朝

的斗争中身不由己。她虽然聪明灵慧,地位很高,但也心力交瘁。游骊山时,婉儿写了几首诗,其中一首写道:

三冬季月景龙年,万乘观风出灞川。
遥看电跃龙为马,回瞩霜原玉作田。

虽然仍是场面之作,但意境壮阔,气势雄浑,也表达了她向往宁静平和生活的愿望,只是这样的愿望,对她来说,是那样遥不可及啊。钟惺《名媛诗归》评曰:"遥看、回瞩俱有分晓","全首皆以猛力震撼出之,可以雄视李峤等二十余人矣"。

她所作之诗虽多为应制之作,但格律运用技巧很高。《奉和圣制立春日侍宴内殿出剪彩花应制》诗对仗工整,平仄合律。郑振铎称其"正是律诗时代的'最格律矜严'之作"。她描写景物之句,则是雅致婉丽,富于音乐美,如《游长宁公主流杯池》25首,清词丽句,莹目怡心,引领了一代诗风,其中一首为:

攀藤招逸客,偃桂协幽情。
水中看树影,风里听松声。

长宁公主是唐中宗嫡女,出嫁之后,她在东都洛阳建造了奢侈的府邸,其流杯池可谓是一大旅游胜地。婉儿也曾游览于此,所赋之诗不同于当时的应酬诗,而是情景交融,别有意境。《新唐书·后妃传》曰:"又差第群臣所赋,赐金爵,故朝廷靡然成风。当时属辞者,大抵虽浮艳,然所得皆有可观,婉儿力也。"

中宗死后,太平公主联合临淄王李隆基杀入宫中,宫城的防卫不攻自破，韦后、安乐公主都被杀。婉儿也在这场宫廷政变中被杀。

上官婉儿死后，唐玄宗李隆基出于惜才的考虑，便让人收集她的诗作，为《唐昭容上官氏文集》。中书令燕国公张说奉命为诗集作序，对她大为赞赏："敏识聆听，探微镜理，开卷海纳，宛若前闻，摇笔云飞，成同宿构。古者有女史记功书过，复有女尚书决事言阀，昭容两朝兼美，一日万机，顾问不遗，应接如意，虽汉称班媛，晋誉左媪，文章之道不殊，辅佐之功则异。"如今文集已佚，《全唐诗》收入了她的32首诗。

在上官婉儿死后80余年后，吕温曾赋《上官昭容书楼歌》，赞道："汉家婕妤唐昭容，工诗能赋千载同。自言才艺是天真，不服丈夫胜妇人。"

所嗟人异雁，不作一行归

7岁女子

　　唐代是我国古典诗歌发展的全盛时期，这一时期，也涌现了很多小小年纪便能吟诗作对的神童才子。比如李贺7岁就扬名长安，号为神童。骆宾王也是7岁便作出了《咏鹅》："鹅，鹅，鹅，曲项向天歌。白毛浮绿水，红掌拨清波。"宛若一幅生动的白鹅戏水图。徐惠也是8岁成名，所作的一首《拟小山篇》被认为有《离骚》之风。

　　武则天当权的时代，也有一个7岁的小女孩，小小年纪便能作得一手好诗，诗名远扬。

　　武则天是爱才之人，听闻小女孩名声之后，便召她前来面见，她便应召而来。小女孩来到长安宫中之后，陪她前来的兄长便要辞别而去了。小女孩尽管聪慧过人，但毕竟年龄幼小，眼望兄长，泪盈于睫，恋恋不舍。武则天看在眼里，于是便命令小女孩作诗送别兄长，小女孩便写了一首五言绝句《送兄》：

别路云初起，离亭叶正稀。

所嗟人异雁，不作一行归。

别路是要分别的路口，离亭便是驿亭的意思，古人往往于此送别。整首诗情景交融、浑然天成，具有天机自得之妙，仿佛眼前徐徐铺展开一幅秋意送别图。图中秋色澄明，云起叶稀，北雁南飞，离别意重。如此含蓄蕴藉、情感深沉的作品，竟然出自一个小小女孩之手，真是叫人讶异。

这小女孩姓名生平虽然已不可考，她7岁时所作的这首诗却是永久地流传了下来。《全唐诗》题下原注："女子南海人"，"武后召见，令赋送兄诗，应声而就"。

只有7岁的小女孩，面对权倾天下的武则天，天真可爱，凛然不惧，应声而作，纤纤小手握笔，饱蘸浓墨，在素纸上认真地一笔一画地写着，尔后自信地站起身来，呈上诗作。武则天接过展卷一看，便是这么一首堪称佳作的诗。

只是《全唐诗》上并没有留下这个小女孩的名字，很是可惜。也不知道她长大了有何造化，要是像方仲永那样泯然众人了，那就着实太可惜了。

万寿称觞举，
千年信一同

宋若昭

宋若昭是初唐著名诗人宋之问裔孙宋廷芬之女。宋廷芬生一男五女，儿子生性愚笨，女儿们却是一个比一个聪明灵秀，并长于文才，在当时被称为"五宋"。

宋家5个女儿为宋若莘、宋若昭、宋若伦、宋若宪、宋若荀五姐妹，她们沉醉于诗书，不愿结婚，而希望能以学名家，而她们也的确一生未嫁。在5个女儿中，宋若昭成就最高。宋若昭文辞清雅淡丽，性格也是贞素闲雅。

贞元四年(788)，宋氏姐妹随父客居上党，昭义节度使李抱真向唐德宗表荐其才。唐德宗当即降诏征召姐妹5人，试以文章诗赋，兼问经史大义，大为赞赏，欣然同意她们入宫。

宋氏姐妹表荐入宫后，德宗"礼荣闲雅，高其风操"，不以宫妾待之，尊称为学士。唐德宗能诗，每与侍臣写诗唱和，亦令宋氏姐妹参与应制。她们深得德宗恩赏，德宗爱屋及乌，宋氏姐妹的祖父、父亲还有那个平庸的弟弟都被封了官。

宋氏姐妹中，宋若伦、宋若荀最先去世，留下宋若莘、宋若昭、宋若宪三姐妹在宫中当差。自贞元七年(791)后，宫中记注簿籍之事由宋若莘执掌。元和末年(820)，宋若莘也逝世了，追赠河内郡君。

宋若莘受封建伦理道德观念影响较深，不苟言笑，教诲诸妹有如严师。她著有《女论语》10篇，依古代《论语》思想和体制而作，"其间问答，悉以妇道所尚"，分立身章、学作章、学礼章、早起章、事父母章、事舅姑章、事夫章、训男女章、管家章、待客章、和柔章、守节章共12章，每一章都详细规定古代女子的言行举止和持家处世的事理。

宋若昭为这本书作了精心注解，皆有理致，因此此书又名《宋若昭女论语》。此后《女论语》成为"女四书"之一，被统治者视为教化女子的经典。

宋氏姐妹俱承德宗恩宠，但只有宋若昭希望自己能独居禁院，不希上宠，这样才能静静沉浸在书香之中。因此她的才学，算得上姐妹之中最好的一位。

唐穆宗居东宫时，若昭就曾单独为当时尚为太子的穆宗讲解经训，穆宗对她极为欣赏和钦佩。后来穆宗继位。在宋若莘去世后，穆宗以宋若昭通达干练，令她掌六宫文学，拜为尚宫，代司若莘之职。

宋若昭得享长寿，历经穆宗、敬宗、文宗三朝。六宫嫔妃、诸王、公主、驸马，皆以师礼相待，为之致敬。后来她被封为梁国夫人。她为人练达，在宫中足足待了40余年，教导后宫嫔妃，掌管四方表奏。

宋若昭一生手不释卷，著作丰富，著有诗文若干卷，但在漫长岁月里已经散失殆尽。现在仅存诗一首，题为《奉和御制麟德殿宴百僚应制》及传记小文《牛应贞传》一篇。《奉和御制麟德殿宴百僚应制》为典型的应制之作，端凝稳重，雕琢工整，四平八稳，而缺少灵气：

垂衣临八极，肃穆四门通。

自是无为化，非关辅弼功。

修文招隐伏，尚武殄妖凶。

德炳韶光炽，恩沾雨露浓。

衣冠陪御宴，礼乐盛朝宗。

万寿称觞举，千年信一同。

钟惺赞道："若昭姊妹诗皆凝深静穆，有大臣端立之象，使人诵之，亦如对苍松古柏，钦其古肃之气，不复以烦艳经心也。"

宋若昭的《牛应贞传》则记叙了女神童牛应贞的事迹。牛应贞生活于唐贞元、元和年间，牛肃长女，弘农人杨唐源之妻。她少而聪颖，经耳必诵，涉猎百家，学富五车，13 岁时，能诵佛经 200 余卷、儒经子史数百卷，曾在梦中诵《左传》，一字不漏。往往熟睡中与人谈论，数夜不停。但可惜的是，她只活了短短 24 年。宋若昭欣赏这位才女，也叹息她的薄命，因此为她作传。《牛应贞传》全文仅有 300 余字，但语言洗练，叙事简净，行文生动，反映出宋若昭出色的写作才力。

大和二年(828)七月廿七日宋若昭卒于大明宫，就殡于永穆道观内，同年十一月八日祔葬万年县凤栖原祖茔。宋若昭卒后，朝廷给予她很高的礼遇，为她举行了隆重的葬礼，以弟弟宋稷为主丧，供卤簿，赐鼓吹。据墓志铭记载，宋若昭享年 68 岁。

若昭死后，敬宗令宋若宪代司宫籍，宋若宪文才尤高，曾作《催妆诗》，写云安公主下嫁之事，文雅庄重：

欢颜公主贵，出嫁武侯家。

天母亲调粉，日兄怜赐花。

催铺百子帐，待障七香车。

借问妆成未，东方欲晓霞。

她又曾作《长相思》一首，表现出宋氏姐妹中难得一见的相思情意，很是生动活泼：

长相思，久离别。

关山阻，风烟绝。

台上镜文销，袖中书字灭。

不见君形影，何曾有欢悦。

此外她还著有《宛转歌》二曲、《朝云引》和《采桑》各一曲。

到了唐文宗之时，若宪为文宗所重，后来她不幸卷入政治旋涡中，遭人构陷，幽于外第，赐死，家属徙岭南。至此，宋氏姐妹的时代终于完全结束了。

不如尽此花下欢，
莫待春风总吹却

鲍君徽

　　鲍君徽，字文姬，唐代女诗人。她是独生女儿，父亲很早就去世了。她长大后嫁人，丈夫不久又去世了，她和老母亲相依为命。

　　鲍君徽自幼擅长诗文，素有才名。她和宋氏五姐妹属于同一时代的人，又和她们齐名。当时唐德宗听说了她的名声，便召她入宫，试过她的文辞之后，也是赞赏有加，便留下她和宋氏姐妹一起担任禁掖文学之任。当时她生活困苦，便应诏而来，成为宫廷女官。

　　鲍君徽入宫之后，常与侍臣赓和诗文，行文出色。德宗赞许不已，赏赉甚厚。但鲍君徽并不习惯宫中沉闷凄冷的环境，时常郁郁不乐。和一心沉醉诗书、情愿孤身终老的宋氏姐妹不同，她并没有留名青史、彰显女德的打算，也不想把自己的青春付诸这寂寂深宫。

　　在宫中待得越久，她越思念自己的家乡、自己的老母亲。思念越来越浓，几乎要将她湮灭了。她霍然醒悟，该到了离去的时候了。

　　于是，她入宫不久后，便以奉养老母为由，上疏乞归，其辞情真意切，令人动容：

　　臣以草茅嫠妇，重荷宠恩，自谓生有余幸矣！独念妾也幼鲜昆季，长失椿庭。室无鸡黍之餐，堂有垂白之母。衷情迫切，臣不啻隐忍，方虑控诉无门焉。兹者幸遇圣明，诏臣吟咏，一入御庭，百有余日。弄文舞字，上既以洽明圣之欢心，搦管挥毫，下既以倡诸臣之赓和。惟是茕然老母，置诸不问，岂为子女者恝然若是耶？臣一思维，寸肠百结。伏愿陛下开莫大之宏恩，听愚臣之片牍，得赐归家，以供甘旨。则老母一日之余生，即陛下一日之恩赐也。臣不揣愚昧，冒死以进。

　　鲍君徽并无兄弟，家中只有一位老母亲，她向德宗解释自己乞归之理由，既感谢德宗的知遇之恩，又陈述自己的一片孝心，入情入理。因此她的这篇乞归疏也打动了德宗，得以顺利返回家乡，陪伴母亲，安然终老。

　　现鲍君徽在《全唐诗》存诗4首，大都从容雅静，不为炫耀。清代诗论家陆昶认为她的功力在宋氏五姐妹之上。作为宫廷女诗人，她写下的应制诗不在少数，留存一首《奉和麟德殿宴百僚应制》，也是四平八稳，对仗工整，但缺少生气。

　　睿泽先寰海，功成展武韶。
　　戈铤清外垒，文物盛中朝。
　　圣祚山河固，宸章日月昭。
　　玉筵鸾鹄集，仙管凤凰调。
　　御柳新低绿，宫莺乍啭娇。
　　愿将亿兆庆，千祀奉神尧。

她曾作边塞诗《关山月》，则个性鲜明生动，表现出非凡的笔力，具有较强的艺术感染力：

> 高高秋月明，北照辽阳城。
> 塞迥光初满，风多晕更生。
> 征人望乡思，战马闻鞞惊。
> 朔风悲边草，胡沙暗虏营。
> 霜凝匣中剑，风急原上旌。
> 早晚谒金阙，不闻刁斗声。

这是她的传世之作，"以纵恣之笔，壮写边塞题材"，令人耳目一新，反映出她的思想之高远与视野之广阔，实乃女中奇才。她怀着一颗悲悯之心，希冀和平的生活，不闻争斗之声。这首诗的境界大大超过了同时代的宫廷女诗人。

她在宫廷所作的一些闲笔，则写得清寂幽美，如《东亭茶宴》：

> 闲朝向晓出帘栊，茗宴东亭四望通。
> 远眺城池山色里，俯聆弦管水声中。
> 幽篁引沼新抽翠，芳槿低檐欲吐红。
> 坐久此中无限兴，更怜团扇起清风。

这里写的是宫中的闲适生活，宫人们于东亭举办茶宴，这里四望辽阔，有山色水声，有翠竹新芽，有木槿含苞。虽然是欢乐之景，但诗人想起汉时班婕妤"秋扇见捐"之事，不由得触景生情，心中伤感。

鲍君徽还曾作《惜花吟》：

枝上花，花下人，可怜颜色俱青春。

昨日看花花灼灼，今朝看花花欲落。

不如尽此花下欢，莫待春风总吹却。

莺歌蝶舞韶光长，红炉煮茗松花香。

妆成罢吟恣游后，独把芳枝归洞房。

花下人看花，花色虽美，却易飘易谢，如同青春易逝。就算花下尽欢，莺歌燕舞，也难免心中悲戚。身在宫中，不得自由，空见青春流逝。这也就是鲍君徽要以奉养老母为由上疏乞归的真正原因。

妆似临池出，人疑向月来

杨容华

杨容华，约生活于唐高宗永徽元年(650)至武后载初年间(689—690)，华阴(今陕西华阴境内)人，"初唐四杰"杨炯侄女，也有人说她是杨炯的妹妹。

杨容华自幼灵慧，从小就文采出众。她出生于书香之家，因此明代陆时雍的《唐诗镜》卷八称其"清丽，故有家风"，认为她的早慧多才是受家庭熏陶影响。

她曾在 13 岁的时候就作了一首《新妆诗》：

宿鸟惊眠罢，房栊乘晓开。

凤钗金作缕，鸾镜玉为台。

妆似临池出，人疑向月来。

自怜终不见，欲去复裴回。

这首诗写的不过是初长成的小少女对镜梳妆、顾影自怜的场景，却写得柔美娴静，整丽精工。

晨光熹微，宿鸟鸣叫，少女刚刚醒来，对着鸾镜插上凤钗。闺房饰物精致至极，那凤钗是用金丝编成的，鸾镜则是装饰有鸾鸟花纹的铜镜。妆成之后，那鸾镜中的盛装少女恍若临池芙蓉，又如月宫仙子，尘世间哪有如此美女呢？于是，她禁不住自怜自赏了。"妆似临池出，人疑向月来"句，自然流丽，秀雅飘逸，令人倾慕怀想。

她叔叔杨炯，是非常骄傲的初唐诗人，自幼聪敏博学，12岁便应童子举及第，翌年待制弘文馆，长大后与王勃、卢照邻、骆宾王并称"初唐四杰"。

杨炯对侄女杨容华的诗才也是颇为自豪的。他曾经去拜见过当时的名士郑羲真，口诵杨容华的诗《新妆诗》给他听。郑羲真击节称赞。杨炯得意了，又连忙诵读了几十首自己所作的诗，郑羲真听了，都说不如杨容华的诗写得好。杨炯为之汗颜，惭愧不已。

这样聪慧的小才女，长大之后却没有任何诗文传世，也没有关于她生平的记载。她是否嫁人，是否继续写诗，是否江郎才尽，都没有了记载，引起后世人们的很多猜想。

明代程羽文的《鸳鸯牒》中说："杨容华，莺吭亮溜，鸰鴂非群，宜即配王子安、骆宾王、卢升之，蜚声振藻，不忝四家。"意思是觉得杨容华如此才情，只有初唐四杰中的另外三人才可匹配。可是骆宾王、卢照邻比杨容华的叔叔杨炯还要大一二十岁，王勃虽然年轻，却早逝。放眼那个时代，竟没有与她的品貌相当的少年郎。

这样的才女，只留下了这么一首灵慧小诗，便默默消逝在历史的烟尘里了。

江采蘋

长门尽日无梳洗，
何必珍珠慰寂寥

江采蘋，即梅妃，生长在医道世家，父亲江仲逊是秀才出身的儒医江仲逊，30多岁的时候才有了这个女儿，所以对她疼爱有加。

江采蘋自幼聪慧可人。她父亲教她读书识字、吟诵诗文，她9岁时就能诵读《诗经》中的数百诗篇，14岁善吟诗作赋，擅长吹笛，琴棋书画无一不通。

15岁那年，江采蘋出落得亭亭玉立，风致楚楚。少女时代的江采蘋自命不凡，常常自比东晋著名才女谢道韫，曾作《箫》《兰》《梨园》《梅花》《凤笛》《玻杯》《剪刀》《绚窗》八篇文赋，轰动一时。

江采蘋容颜清丽，姿态明秀，又爱好淡妆雅服，如一朵莹洁之梅，而她从小就特别喜欢梅花。于是疼爱女儿的江仲逊不惜重金，追寻各种梅树，种满房前屋后。于是江采蘋自幼就浸透了梅花的幽幽冷香，于玉蕊琼枝间长大，也浸透了梅花的风骨。

梁简文帝萧纲曾作有一篇《梅花赋》："梅花特早偏能识春，几承阳而发金，乍杂雪而披银。吐艳四照之林，舒荣五衢之路，既玉缀而珠离，且冰悬而雹布。"江采蘋正如那赋中的爱梅佳人一般。"于是重闺佳丽，貌婉心娴，怜早花之惊节，讶春光之遣寒。衣袂始薄，罗袖初单，折此芳花，举兹轻袖，或插鬓而问人，或残枝而相授。"

开元中，唐玄宗深爱的武惠妃死后，他倍感寂寞。后宫之中，没有一个妃嫔可以让他稍展愁眉。于是他所宠幸的太监高力士自湖广历两粤为其选美。高力士到了闽地后，听说江家有这么一个美貌女儿，于是亲自上门以重礼相聘，携江采蘋回到长安。

高力士特意在梅林深处安排下酒宴，请唐玄宗临视。玄宗初见江采蘋，便已惊为天人。只见江采蘋淡雅脱俗，纤腰约素，风姿绰约，俏生生地立在梅林间，如一朵清丽的白梅，唐玄宗不由得心动不已。

江采蘋低眉，横笛就口，为唐玄宗吹奏《梅花落》，笛音宛转悠扬，玄宗在幽幽梅香中听这《梅花落》之曲，只觉心旷神怡。一曲吹毕，江采蘋放下白玉笛，又舞一支《惊鸿舞》。她身段轻盈灵捷，舞姿自然也就极其优美。回风流雪，花瓣纷扬，满园生辉，而江采蘋飘飘如仙，仿佛随时都会随风而去。玄宗大悦。

自此，唐玄宗对江采蘋爱如至宝，后来更是赐东宫正一品皇妃，号梅妃。因江采蘋极爱梅花，玄宗特地命人给其宫中种满各式梅树，并亲笔题写院中楼台为"梅阁"、花间小亭为"梅亭"，还戏称她为"梅精"。她也的确像梅花的精灵，每到花开之时，江采蘋便独自一人在散发着清冷香气的梅花间缓步而行，有时深夜才回，身上浸满梅花之幽幽冷韵。

江采蘋多才多艺，个性也是机敏伶俐。有一日，唐玄宗与江采蘋斗茶，对诸位王爷开玩笑说："此梅精也，吹白玉笛，作惊鸿舞，一座光辉。斗茶今又胜我矣。"梅妃应声而答："草木之戏，误胜陛下。设使调和四海，烹饪鼎鼐，万乘自有宪法，贱妾何能较胜负也。"俏皮伶俐之语，惹得唐玄宗又是大为高兴。

自从有了梅妃，唐玄宗看其他妃嫔便如尘土一般。宫中妃子也认为自己都比不上江采蘋。但帝王的目光始终难以在一个妃子身上长久停留。10年过去了，江采蘋的容色不像年轻时那样光艳照人，唐玄宗便渐渐淡了对她的钟爱。后来，杨玉环进宫，回眸一笑百媚生，六宫粉黛无颜色。

杨玉环与江采蘋不同，杨贵妃肌骨丰润，活色生香。而江采蘋清丽脱俗，身姿窈窕。杨玉环便是"俏丽若三春之桃"，江采蘋自是"清素若九秋之菊"。帝王的目光，渐渐流连在杨玉环身上，对江采蘋就渐渐冷淡了。

江采蘋是倔强的，知情后觐见皇帝，赠诗讽刺。杨玉环不悦，暗自陷害，设法将江采蘋打入冷宫。唐玄宗虽然与杨玉环夜夜笙歌，但偶尔也会记起自己曾经宠爱过的江采蘋。

于是，梅花绽放之季，趁杨妃不在，唐玄宗密遣贴身小太监去请江采蘋到翠华西阁。

江采蘋应邀而来，仍是淡妆素裹，天然风范。西阁之中顿时暗香浮动。唐玄宗见她楚楚动人，又念及旧情，不由得心中有愧，软语安慰。不料相会之事竟被杨玉环知晓，她不宣自闯，玄宗吓得把江采蘋藏到屋内夹墙中，江采蘋倍感屈辱。

因为杨玉环的咄咄逼人，玄宗大怒，把杨玉环赶回了娘家。但是赶走杨玉环之后，玄宗又想起她的种种好处，心中思念，于是特派使者来接她回宫。杨玉环赌气不回，玄宗接了三次，杨玉环才回来。

这时玄宗才记起江采蘋来，于是叫人把江采蘋在阁中留下的鞋子和头上插的钗饰封起来送去给江采蘋。江采蘋见唐玄宗如此惧怕杨妃，心知他的心思全在杨妃身上，不由得心灰意冷。

　　她已经年长色衰，青春不再，皇帝移情别恋，她也无可奈何，只是终日忧愁，以泪洗面而已。她也曾想过挽回玄宗的心，曾向高力士投送千金，请他求词人拟司马相如为《长门赋》。但高力士畏惧杨玉环的权势，不敢代求，回答她说："无人解赋。"江采蘋心中明白，满心委屈愤懑，于是自己提笔写了一篇《楼东赋》，令人呈给唐玄宗，随信附上自己素日最爱的白玉笛：

　　玉鉴尘生，凤奁香殄。懒蝉鬓之巧梳，闲缕衣之轻绿。苦寂寞于蕙宫，但凝思乎兰殿。信摽落之梅花，隔长门而不见。况乃花心飐恨，柳眼弄愁。暖风习习，春鸟啾啾。楼上黄昏兮，听风吹而回首；碧云日暮兮，对素月而凝眸。温泉不到，忆拾翠之旧游；长门深闭，嗟青鸾之信修。

　　忆太液清波，水光荡浮，笙歌赏宴，陪从宸旒。奏舞鸾之妙曲，乘画鹢之仙舟。君情缱绻，深叙绸缪。誓山海而常在，似日月而无休。

　　奈何嫉色庸庸，妒气冲冲。夺我之爱幸，斥我乎幽宫。思旧欢之莫得，想梦著乎朦胧。度花朝与月夕，羞懒对乎春风。欲相如之奏赋，奈世才之不工。属愁吟之未尽，已响动乎疏钟。空长叹而掩袂，踌躇步于楼东。

　　此赋文采飞扬，言语凄楚，对仗工整，读之令人动容。玄宗自然也有所触动，但是他也不敢惹怒了杨贵妃，于是只派人给江采蘋送去一斛珍珠。江采蘋大失所望，便写了这首诗，将珍珠与诗一起送给玄宗：

　　桂叶双眉久不描，残妆和泪污红绡。
　　长门尽日无梳洗，何必珍珠慰寂寥。

玄宗览诗，怅然不乐，指示乐府为这首诗谱一个新曲子，取名《一斛珠》。

后来安史之乱爆发，玄宗落逃，完全没顾上困于冷宫的江采蘋。江采蘋得知一切后，心如死灰。她为保清白用白绫细细裹身，平静地投井自尽。"质本洁来还洁去，不教污淖陷渠沟。"

等唐玄宗回京，派人找江采蘋，却遍寻不着，于是下诏，只要有人找到她，官升两级，赏钱百万。

有一宦官献了一幅江采蘋画像给唐玄宗，画中女子淡雅如梅，手中亦持着一枝梅花。唐玄宗睹画思人，在上面题了一首诗怀念江采蘋：

忆昔娇妃在紫宸，铅华不御得天真。

霜绡虽似当时态，争奈娇波不顾人。

最终唐玄宗在温泉池边的梅树底下找到了江采蘋尸体。后来，唐玄宗以妃礼改葬江采蘋。想起她生前最爱梅花，唐玄宗又命人在她的墓地四周种满各种梅树，并亲手为她写下祭文："妃之容兮，如花斯新；妃之德兮，如玉斯温。余不忘妃，而寄意于物兮，如珠斯珍；妃不负余，而几丧其身兮，如石斯贞。妃今舍余而去兮，身似梅而飘零；余今舍妃而寂处兮，心如结以牵萦。"

海水尚有涯，
相思渺无畔

李季兰

李季兰本名李冶，字季兰，乌程（今浙江湖州吴兴）人，生于玄宗开元初年。她容貌极美，也极有诗才天赋。时人称她为"女中诗豪"。

李季兰5岁时，父亲带她到庭院里去玩，指着蔷薇花让她作诗。李季兰应声吟了一首蔷薇诗："经时未架却，心绪乱纵横。""架却"，谐音"嫁却"。她父亲认为此诗不祥，觉得女儿这么小就知道待嫁女子心绪乱，长大后恐会失行。于是，在李冶11岁时，家人便送她到了剡中玉真观中。

出家为女道士的她依然"美姿容，神情萧散，专心翰墨，善弹琴，尤工格律"，成为了远近闻名的女诗人。她与诗人刘长卿、韩揆、阎伯钧、萧叔子等人都交往密切，常有诗文往来。

据说她曾经邂逅一位青年，即隐居山中的朱放，两人有短暂的恋情，后来朱放前往江西为官，这段恋情就不了了之。但李季兰显然是对他牵挂在心的，她曾经寄了这样一首诗给朱放：

离人无语月无声,明月有光人有情。

别后相思人似月,云间水上到层城。

月下的别离,相思如月,晶莹通透。这首诗清丽委婉,幽怨缠绵,读之却不沉重,反而有一种轻盈绰约如风中蔷薇的美感。

她的诗作中,最好的应该是这首《相思怨》,也是写月下的相思,意境高妙清远:

人道海水深,不抵相思半。

海水尚有涯,相思渺无畔。

携琴上高楼,楼虚月华满。

弹着相思曲,弦肠一时断。

海水有时尽,而相思绵绵无绝。月下上高楼,对海弹出自己心中的相思之曲,掬了满满一捧通透的月光。铮然一声弦断,明月、大海、女子、古琴,"别有幽愁暗恨生,此时无声胜有声"。

她与茶圣陆羽是一生的至交好友,陆羽自一次拜访之后,叹服于李季兰的才情,于是经常来看望李季兰,两人煮雪烹茶,谈事论文,算是惺惺相惜的知己好友。李季兰曾有一首《湖上卧病喜陆鸿渐至》就是写给陆羽的:

昔去繁霜月,今来苦雾时。

相逢仍卧病,欲语泪先垂。

强劝陶家酒,还吟谢客诗。

偶然成一醉,此外更何之。

陆羽虽然精于茶道，为人厚道，但貌丑口吃，显然不是李季兰的择郎之选。她对陆羽的好友著名诗僧皎然很有好感，以诗示情。皎然却早已心如止水，对此一笑了之，写下一首《答李季兰》诗表达自己的心意："天女来相试，将花欲染衣。禅心竟不起，还捧旧花归。"

李季兰虽然失望，但对皎然也更为尊重，两人遂成知己。

她后来遇到了阎伯均。阎伯均是著名文士萧颖士的门人，生性活跃，与许多文人都有交往，但是诗才平平，如今留存只有几首联句诗，从灵气到技巧都远远不如李季兰。阎伯均在家中排行第26，因此又称"阎二十六"。

李季兰与阎伯均坠入爱河，如胶似漆，在这份感情中，她投入了自己的全部心力，对方却因为她的女冠（女道士）身份，而只当她是"闲花野草"，逢场作戏而已。终于有一天，阎二十六要告别她去剡县了。李季兰在苏州阊门送别他的时候，感情复杂地写下了《送阎二十六赴剡县》：

流水阊门外，孤舟日复西。

离情遍芳草，无处不萋萋。

妾梦经吴苑，君行到剡溪。

归来重相访，莫学阮郎迷。

她极为恋恋不舍，眼见阊门外河流奔涌，落日下一叶孤舟，心中的离情别愁便如同这天地间的萋萋芳草。她确信，在离别之后，她会对情人魂牵梦绕，心会随着他一起来到浙江剡溪。她也盼望着情人的归来，希望他不要像神话里的阮郎一般，沉迷于天台山的仙女而忘记归来。

　　李季兰还曾作有《登山望阆子不至》《送阆伯均往江州》《得阆伯均书》等诗，但结局自然是事与愿违，阆二十六一去不返，只留下李季兰形单影只。

　　没有遇到她的良人，李季兰就纵情于诗文之中。她的诗以五言擅长，多酬赠遣怀之作。刘长卿对她的诗极其赞赏，称她为"女中诗豪"。唐代高仲武《中兴间气集》中评论说："士有百行，女唯四德。季兰则不然。形器既雄，诗意亦荡。"又说她："上比班姬（婕妤）则不足，下比韩英（兰英）则有余。不以迟暮，亦一俊妪。"

　　李季兰与薛涛、鱼玄机、刘采春一起，被人称为"唐代四大女诗人"，但诗才公认在其他三位之上。她的诗虽然存世不多，但质量都很高。宋人陈振孙《直斋书录解题》著录《李季兰集》1卷，今已失传，仅存诗16首。清人汪如藻在修编《四库全书》时进献给乾隆皇帝的藏书中也有《薛涛李冶诗集》2卷。

　　李季兰也是冷静而理性的，所以她写下了著名的《八至诗》，将最深刻也是最简单的道理一语道出：

　　至近至远东西，至深至浅清溪。
　　至高至明日月，至亲至疏夫妻。

　　前面三个对比，其实就是为了引出最后一个令人感触颇深的道理。夫妻两人本来相互是一生的依靠，相亲相爱，是世界上最亲密的两个人，因此是"至亲"，但另一方面，一旦夫妻不再相爱了，相互猜忌或者相互埋怨甚至貌合神离的话，那种心理距离又是最遥远的，因此为"至疏"。李季兰洞悉世情，视角独到，这首诗深藏哲理，暗隐机锋。

　　李季兰还有一首著名的《寄校书七兄》：

无事乌程县，蹉跎岁月余。

不知芸阁吏，寂寞竟何如？

远水浮仙棹，寒星伴使车。

因过大雷岸，莫忘几行书。

这首诗是写寄给一位作校书郎的"七兄"的。其中"远水浮仙棹，寒星伴使车"一句，画面感很强，赞美兄长在书海中遨游的风神仪态，被誉为"五言之佳境"。唐代高仲武称："自鲍照以下，罕有其伦。"

天宝年间，玄宗闻知她的诗才，特地召见她赴京入宫。那时，她已进入暮年，正栖身著名的花都广陵。接旨后，她只得应命北上。玄宗见到她之后，原来是个漂亮的老妇人，虽徐娘半老，但风姿犹存，如同在那枝头的蔷薇花枯萎了，仍保持着姣好的风姿与幽幽的芬芳。

在去长安之前，李季兰写下了一首《恩命追入留别广陵故人》，诗中既有对自己声名远扬的骄傲与欣喜，也有对自己容颜老去的悲哀与感慨：

无才多病分龙钟，不料虚名达九重。

仰愧弹冠上华发，多惭拂镜理衰容。

驰心北阙随芳草，极目南山望旧峰。

桂树不能留野客，沙鸥出浦谩相峰。

但这首诗因其格调太低，《四库全书总目提要》言其"不类冶作"，认为不是李季兰自己写的，乃好事者为之。

关于她的结局，有两个说法，一个说法是"安史之乱"爆发后，李季兰在长安不知所踪。另一个更为流行的说法是德宗即位之后，朱泚自立为帝,占据长安。在此之间,李季兰迫于淫威,写下了恭维新政权的诗。后来德宗重新回到长安,责问李季兰,并将她当堂乱棒打死。

李季兰死时 71 岁,一代风流才女,被卷入政治旋涡,竟落得如此悲惨下场。如果当年她并未进京面圣,一直在家乡自在快活,估计能得到善终吧。她终究也是被虚名所累了。

鱼玄机

易求无价宝，难得有心郎

　　鱼玄机，晚唐诗人，长安（今陕西西安）人。初名鱼幼微，字蕙兰。她是唐代有名的才女，自幼天资聪颖，11岁便拜在温庭筠门下学诗。

　　暮春时节，温庭筠听说了鱼幼微女神童之名，于是专程来拜访她。温庭筠见小女孩天真聪慧，心中喜欢，便出了一道"江边柳"的考题。小女孩儿眨眨眼睛，举笔饱蘸浓墨，很快就写下了一首五律《赋得江边柳》：

　　　翠色连荒岸，烟姿入远楼。

　　　影铺秋水面，花落钓人头。

　　　根老藏鱼窟，枝低系客舟。

　　　萧萧风雨夜，惊梦复添愁。

　　温庭筠爱才，将诗艺倾囊相授。鱼幼微在名师指点下，诗艺大进，

"尤工韵调,情致繁缛"。温庭筠很是看重这个聪慧的女弟子,却未曾料到,年少多情的鱼幼微居然暗暗喜欢上了老师。

据史料记载,温庭筠虽然诗词写得精致无双,令人叹绝,但貌丑得难以恭维,被世人称为"温钟馗"。温庭筠是正直豪爽、潇洒不羁的,虽然貌丑如钟馗,但才华横溢,胸中波澜,腕底锦绣,都足以让人眼前一亮。

鱼幼微就是这样爱上了她的老师。她崇拜老师的才华,她大胆地追求老师,写下了两首著名的诗,其一为《遥寄飞卿》:

> 阶砌乱蛩鸣,庭柯烟露清。
> 月中邻乐响,楼上远山明。
> 珍簟凉风著,瑶琴寄恨生。
> 稽君懒书礼,底物慰秋情?

其二为《冬夜寄温飞卿》:

> 苦思搜诗灯下吟,不眠长夜怕寒衾。
> 满庭木叶愁风起,透幌纱窗惜月沉。
> 疏散未闻终遂愿,盛衰空见本来心。
> 幽栖莫定梧桐树,暮雀啾啾空绕林。

温庭筠无法接受女弟子的一往情深,虽然他玩世不恭,目无下尘,但骨子里是个极正统的人。后来,温庭筠得到一个做巡官的机会,便准备离开长安。离开之前,他把少年才子、年轻的状元郎李亿介绍给鱼幼微。她便嫁给了李亿作为妾室,那年她刚刚及笄,才

15 岁。

温庭筠的本意是希望她能幸福，却不料，这成了她不幸的开始。

鱼幼微年轻貌美，又文才过人，很受李亿宠爱。她知道老师的苦心，也把对老师的痴恋渐渐转移到李亿身上。但只度过了近百日甜蜜温馨的夫妻生活，她就越来越不见容于李亿的夫人。李夫人对貌美多才的鱼幼微嫉妒不已。在李夫人的坚持下，鱼幼微最终被李亿送于京郊咸宜观为道士。也就是此时，她由鱼幼微变成了鱼玄机。

她出家为道士后，写下了许多思念李亿的诗，如《寄子安》。她不想放手这段难得的爱情，希望像杨柳一样牵绊住他的客船，希望他的爱情如同长流的流水一般长久，希望他不要沉迷于别的女子而忘记了她：

醉别千卮不浣愁，离肠百结解无由。
蕙兰销歇归春圃，杨柳东西绊客舟。
聚散已悲云不定，恩情须学水长流。
有花时节知难遇，未肯厌厌醉玉楼。

她还作下《江陵愁望寄子安》，这首诗委婉优美，亦有摇曳不绝的意蕴。她看着江边的红枫暮帆，心中涌起对情郎的思念，亦如这滔滔江水，没有停歇的时候：

枫叶千枝复万枝，江桥掩映暮帆迟。
忆君心似西江水，日夜东流无歇时。

她盼望着李亿来接她回去重聚，望穿秋水却始终等不到他的身影，

她终于死心,写了一首《赠邻女》:

> 羞日遮罗袖,愁春懒起妆。
> 易求无价宝,难得有心郎。
> 枕上潜垂泪,花间暗断肠。
> 自能窥宋玉,何必恨王昌。

这首诗中,她又是自傲,又是自伤。诗眼便是这句"易求无价宝,难得有心郎",念之令人感慨。与有情人,做快乐事,生命便圆满无憾,但现实往往冰冷。

鱼玄机花信年华,却情场失意,自然失落不已。她曾经独自一人登上崇真观南楼,目睹新进士题名,心中又起了感慨,赋诗曰:

> 云峰满目放春晴,历历银钩指下生。
> 自恨罗衣掩诗句,举头空羡榜中名。

她才华横溢,如果是一男子,定可以中举做官,一展抱负,然而她却是个女子,再怎么才高于世,再怎么心高气傲也是枉然。

她又作有一首《寓言》,感叹"人世悲欢一梦":

> 红桃处处春色,碧柳家家月明。
> 楼上新妆待夜,闺中独坐含情。
> 芙蓉月下鱼戏,螮蛛天边雀声。
> 人世悲欢一梦,如何得作双成。

　　在绝望之中，鱼玄机性情大变，开始放荡不羁起来，从而艳名远扬。而在与侍女绿翘争风吃醋的过程中，鱼玄机失手打死绿翘，被官府抓走处死。死时，鱼玄机年仅 26 岁。

　　她成为了一抹香艳的传奇，以一种惨烈的方式，结束了凄艳的生命。

羞将门下曲，唱与陇头儿

薛涛

薛涛，字洪度，长安（今陕西省西安市）人。薛涛的父亲薛郧在朝廷当官，学识渊博，从小就教她读书写诗。薛涛天资聪颖，又受了良好的教育，长大之后，成为了唐代最为著名的女诗人之一。

传说在薛涛8岁那年，父亲在庭院里的梧桐树下歇凉，指着树叶道："庭除一古桐，耸干入云中。"薛涛应声答道："枝迎南北鸟，叶送往来风。"虽然显示了过人的诗才，父亲却愀然不乐，因为诗中所透露出来的征兆，绝非富贵平和，他担心起女儿的前途来。

过了几年，父亲薛郧因病去世，这时薛涛年仅14岁。没有了父亲这棵大树的庇佑，薛涛和母亲的生活立刻陷入困境。无依无靠的孤女寡母，又何以养活自己？因此，迫于无奈，薛涛凭借"容姿既丽"，"通音律，善辩慧，工诗赋"，在16岁时加入乐籍，成了一名营伎，总算能生活无忧，养活自己和寡母了。

她的美貌与才华倾倒了当时的许多著名诗人，包括白居易、张籍、王建、刘禹锡等诗坛领袖。她和他们诗歌作答，诗才得到了他们的认可。在这些诗中，她还会评价他们的诗歌才情或表露自己的创作体会，体现出自觉的诗学意识，如《酬祝十三秀才》说：

浩思蓝山玉彩寒，冰囊敲碎楚金盘。

诗家利器驰声久，何用春闱榜下看。

在一次酒宴中，当时出任剑南西川节度使的韦皋让薛涛即席赋诗。薛涛略加思索，当场便写下了诗作《谒巫山庙》：

乱猿啼处访高唐，路入烟霞草木香。

山色未能忘宋玉，水声犹是哭襄王。

朝朝夜夜阳台下，为雨为云楚国亡。

惆怅庙前多少柳，春来空斗画眉长。

这首诗借古讽今，无脂粉之气，有兴亡之叹。韦皋大为称赞，从此对她另眼相看，赏识有加。

后来，韦皋除了让薛涛参与一些案牍工作外，还向朝廷打报告，为她申请"校书郎"一职。"校书郎"的主要工作是撰写公文和典校藏书。虽然官阶仅为从九品，但这项工作的门槛很高，只有进士出身的人才有资格担当，诗人白居易、王昌龄、李商隐、杜牧等都是从这个职位上做起的。因此，能够担任这个职位的人，都是饱读诗书、学富五车的。韦皋推荐薛涛去做"校书郎"，这是对她才华的极大认可。

因格于旧例，薛涛未能真正当上校书郎，但她以诗受知，入幕府做事，成为不在编的政府女官。她的才名传了开来，人们称之为"女校书"。诗人王建曾作过一首《赠薛涛》来盛赞她的才华,认为很多男子都比不上她:"万里桥边女校书,枇杷花下闭门居。扫眉才子知多少,管领春风总不如。"

薛涛才名远扬,不免有些恃宠而骄,得意忘形,开始与其他男子交往过密,对韦皋也不像从前那样恭敬了。韦皋对此十分不满,一怒之下,下令将她发配松州(今四川省松潘县),以示惩罚。

松州地处西南边陲,人烟稀少,走在如此荒凉的路上,薛涛内心非常恐惧。她用诗记录下自己的感受:

闻道边城苦,而今到始知。

羞将门下曲,唱与陇头儿。

她开始后悔自己的轻率与张扬,也清楚了自己的处境。她不过是无依无靠也无足轻重的一个小女子,就算再怎么才华横溢,官员轻描淡写的一句话便可让她的命运完全扭转,她其实并没有真正的人身自由,也无法真正地挥洒个性,恣意妄为。

于是,薛涛研墨提笔,将内心的恐惧诉诸笔端,写下了悲戚的《十离诗》。这十离诗,真的把自己放低到了尘埃之中,以此来乞求韦皋的原谅。其一《犬离主》写道:

驯扰朱门四五年,毛香足净主人怜。

无端咬着亲情客,不得红丝毯上眠。

其十《镜离台》写道:

铸泻黄金镜始开，初生三五月裴回。

为遭无限尘蒙蔽，不得华堂上玉台。

《十离诗》送到了韦皋手上，他毕竟对薛涛有情，很快就心软了，于是一纸命令，又将薛涛召回了成都。这次磨难，让薛涛看清了自己的处境，于是更加谨小慎微。

归来不久，在韦皋的帮助下，她脱离了乐籍，寓居于成都西郊浣花溪畔。在那里，她采用木芙蓉皮作原料，再加入芙蓉花汁与鸡冠花汁，和以清澈的浣花溪水，自制成桃红色小笺，将秀雅小诗写于其上，后人仿制，称"薛涛笺"。后世李商隐《送崔珏往西川》曾赞道："浣花笺纸桃花色，好好题诗咏玉钩。"她也写得一手好字，《宣和书谱》称薛涛："作字无女子气，笔力峻激，其行书妙处，颇得王羲之法，少加以学，亦卫夫人之流也。"

她依然保持着和众诗人的来往与唱和，继续写诗，思致俊逸。她写诗 50 余年，自己选了 500 首诗，刻为《锦江集》5 卷出版。现在都已经散佚了。她现存 90 首诗，见于各种选集，后人曾编辑有《薛涛集》。

在薛涛 42 岁的时候，31 岁的诗人元稹以监察御史的身份奉命出使地方，并慕名去拜访薛涛。元稹是风流才子，才貌双全，谈吐不凡。谈诗论文之后，薛涛被元稹的外貌和才情吸引住了，元稹也倾慕于薛涛的才华，于是两人便相恋了。

这也是她一生中短暂拥有爱情的幸福甜蜜时光。两人唱和作品很多，只是如今多已流散不存。元稹写下了一篇《寄赠薛涛》，盛赞她的美貌与才学，并把她与汉代著名才女蔡文姬相提并论："锦江滑腻蛾眉秀，幻出文君与薛涛。言语巧偷鹦鹉舌，文章分得凤凰毛。纷纷辞客多停笔，个个公卿欲梦刀。别后相思隔烟水，菖蒲花发五云高。"

可惜这段旖旎时光不过只有 3 个月,后来元稹便调离川地,任职洛阳。而作为风流才子的元稹也不会真的把薛涛当作毕生挚爱,离开之后,便把她抛之脑后。

她思念过,忧伤过,曾作《赠远》二首,情致缠绵:

扰弱新蒲叶又齐,春深花落塞前溪。
知君未转秦关骑,月照千门掩袖啼。

芙蓉新落蜀山秋,锦字开缄到是愁。
闺阁不知戎马事,月高还上望夫楼。

秋天的夜晚,寂静无声,她听到细微的泉水汩汩之声,牵动心中情思,于是作了一首动静结合、虚实相宜的《秋泉》:

冷色初澄一带烟,幽声遥泻十丝弦。
长来枕上牵情思,不使愁人半夜眠。

秋去春来,她看到鸳鸯草嫣然可爱,鸳鸯草便是金银花,金色和银色的花儿两两相对开放,因此得名。她又触动心事,写下一首小巧通透的《鸳鸯草》:

绿英满香砌,两两鸳鸯小。
但娱春日长,不管秋风早。

春日里柳絮漫天,她作下《柳絮》:

二月杨花轻复微，春风摇荡惹人衣。
他家本是无情物，一向南飞又北飞。

见到绿池上双双对对的鸟儿，她又作下《池上双鸟》：

双栖绿池上，朝暮共飞还。
更忆将雏日，同心莲叶间。

她还作下四首春望词，亦是含蓄地倾诉心中相思：

花开不同赏，花落不同悲。
欲问相思处，花开花落时。

揽草结同心，将以遗知音。
春愁正断绝，春鸟复哀吟。

风花日将老，佳期犹渺渺。
不结同心人，空结同心草。

那堪花满枝，翻作两相思。
玉箸垂朝镜，春风知不知。

她把诗句写在自制的深红色松花小笺上，寄给元稹，先后寄了100余笺，但她从没有得到过元稹的回应。她是个聪明而理智的女子，知道要收回自己的爱情了。刻骨铭心地爱过一场，然后忘了他，再继续按自己的意愿去过好自己的生活,对她来说,已经是足够传奇而圆满的一生了。

她已经 40 多岁,也该去过一种相对平静的生活了。于是,她从此脱下红妆,换上了一袭灰色的道袍,从绚烂沉淀到了淡然。她离开了浣花溪,移居到碧鸡坊(今成都金丝街附近),筑起了一座吟诗楼,独自静静老去。

10 年之后,薛涛将自己所作之诗寄给了元稹,并随信作下一首《寄旧诗与元微之》:

> 诗篇调态人皆有,细腻风光我独知。
> 月下咏花怜暗澹,雨朝题柳为欹垂。
> 长教碧玉藏深处,总向红笺写自随。
> 老大不能收拾得,与君开似教男儿。

她此时已经 50 岁了,情愫埋在心里,愈发深沉,但她没有陷入其中,而是将情意绵绵藏入心底,令它滋养自己的灵魂。她是冷静而智慧的女子,因此,她得享高寿。

大和六年(832)夏,薛涛逝世,时年 72 岁(另《全唐诗》小传认为她卒年 75 岁)。第二年,曾任宰相的段文昌为她亲手题写了墓志铭,墓碑上写着"西川女校书薛涛洪度之墓"。

刘采春

昨日北风寒，
牵船浦里安

在唐代，越州人刘采春是江南一带极受欢迎的歌者。据说，只要刘采春的《啰唝曲》响起，"闺妇、行人莫不涟泣"，可见其流行程度。

刘采春生得神清骨秀，明眸皓齿，兼举止秀媚，如带露花瓣，风姿动人，见者无不为之倾倒。更重要的是，她有着清亮高亢的好嗓子，"歌声彻云"，听者有绕梁三日之感，而她曼声而歌时又如黄鹂出谷，音色悦耳。

《啰唝曲》是刘采春的代表歌曲。方以智《通雅》卷二十九《乐曲》云："啰唝犹来罗。""啰唝"是"来罗"的意思，相当于唱着"归来哟"，有盼望远行人回来之意，是充满惆怅和忧愁的离别之歌。

当时，大批商人长期在外，夫妻异地分居，商人的妻子盼丈夫早归，在家苦苦等待。而刘采春美妙的歌声细腻悠长地唱出了当时因"商人重利轻别离"而独守空闺的商人之妇的心思，引发了她们的共鸣。《云溪友议》记："采春一唱是曲，闺妇行人，莫不涟泣。"因此，她当时大受欢迎。

　　刘采春不仅歌喉出众,还有着过人的文采。据说她所唱的《啰唝曲》共有120首,首首都是她自己作词作曲,可谓是全能型歌手,"唐人朝成一诗,夕付管弦"。不过可惜的是,《全唐诗》只收录了6首《啰唝曲》,其他的则没有流传下来:

　　　　不喜秦淮水,生憎江上船。
　　　　载儿夫婿去,经岁又经年。

　　　　借问东园柳,枯来得几年。
　　　　自无枝叶分,莫恐太阳偏。

　　　　莫作商人妇,金钗当卜钱。
　　　　朝朝江口望,错认几人船。

　　　　那年离别日,只道住桐庐。
　　　　桐庐人不见,今得广州书。

　　　　昨日胜今日,今年老去年。
　　　　黄河清有日,白发黑无缘。

　　　　昨日北风寒,牵船浦里安。
　　　　潮来打缆断,摇橹始知难。

　　管世铭在《读雪山房唐诗钞》中说:"司空曙之'知有前期在',金昌绪之'打起黄莺儿'······刘采春所歌之'不喜秦淮水',盖嘉运所进之'北斗七星高',或天真烂漫,或寄意深微,虽使王维、李白为之,未能远过。"这《啰唝曲》又名《望夫歌》。

刘采春生活于艺术世家,她的丈夫周季崇和夫兄周季南都是有名的伶人,刘采春家中三人组成一个家庭戏班,四处走穴。就这样,刘采春跟着丈夫和夫兄四处漂泊,倒也逍遥自在。她的美貌与歌喉倾倒了很多人,当时的著名诗人元稹也是在一见之下,心旌摇荡,写了一首《赠刘采春》:"新妆巧样画双蛾,谩里常州透额罗。正面偷匀光滑笏,缓行轻踏破纹波。言辞雅措风流足,举止低回秀媚多。更有恼人肠断处,选词能唱望夫歌。"

元稹当时本是和才女薛涛热恋,但是不巧遇到了刘采春,一见之下,元稹神魂颠倒,完全忘却了薛涛,转而追求刘采春。

有记载说刘采春接受了元稹的追求,元稹给了刘采春丈夫一笔钱,纳其为妾,一起共同生活了7年。也有记载说刘采春性格刚烈,并不理会元稹,还写下了一首诗:

闻道瞿塘顾堆怀,高山流水近阳台。
旁人哪得奴心事,美景良辰永不回!

还有人传说刘采春因誓死不从,一气之下自尽。但她到底结局如何,却不得而知。只是她的歌喉与风姿,却在元稹的诗里被完整地呈现出来,流传千年。

关盼盼

自理剑履歌尘绝，
红袖香消一十年

关盼盼出身于书香门第，从小便精通诗文，能歌善舞，长大之后体态婀娜，姿容美艳。但不久关家家道中落，关盼盼不得已只能流落风尘，后被徐州守帅张愔重礼聘娶为妾。

张愔于唐宪宗元和年间（806—820）出守徐州，他虽是武官，却爱好风雅，对关盼盼的才华十分欣赏，对她很是宠爱。白居易当时官居校书郎，有一次来到徐州，张愔便邀他到府中，设宴款待。

关盼盼爱好诗书，自然对这位大诗人也倾慕已久，见到诗人本人，很是欢喜。宴席上，张愔让盼盼歌舞助兴。关盼盼便唱起了《长恨歌》，跳起了《霓裳羽衣舞》，歌声清亮动听，舞姿更是袅娜柔美，如一朵娇艳动人的牡丹花，令人惊艳不已。白居易见了，不禁为之倾倒，当即挥笔，写下一首诗赞美关盼盼："醉娇胜不得，风袅牡丹花。"大诗人此诗一出，关盼盼美名远扬。

两年之后，张愔不幸病逝于徐州。张愔死后，张府中的姬妾很快风流云散。只有关盼盼念着张愔对自己的恩情，又感于他对自己的爱意，决定要为张愔守节。她只身移居到徐州城郊云龙山麓的燕子楼，只有一位仆婢相从。

燕子楼依山傍水，风景旖旎，是张愔生前为关盼盼兴建的一处别墅。失去了丈夫，她不再轻歌曼舞，也疏于梳妆打扮，平日里深居简出，粗茶淡饭，只是静心写诗以自娱而已。关盼盼就这样静静度过了 11 年光阴。

元和十四年（819），曾在张愔手下任职多年的司勋员外郎张仲素前往拜访白居易。张仲素与关盼盼相熟，对于她青春守寡、死灰槁木的生活非常同情，而对于她的诗才更是十分欣赏。于是，此行他特地携带了关盼盼所写的《燕子楼新咏》3 首上呈给白居易，希望能够得到大诗人的青睐，从而帮关盼盼再次扬名。白居易接过诗卷，展开细看：

楼上残灯伴晓霜，独眠人起合欢床；
相思一夜情多少，地角天涯未是长！

北邙松柏锁愁烟，燕子楼中思悄然；
自理剑履歌尘绝，红袖香消一十年。

适看鸿雁岳阳回，又睹玄禽逼社来；
瑶琴玉箫无愁绪，任从蛛网任从灰。

关盼盼在诗中诉说了她对夫君的思念，描述了她寡居的痛苦。白居易不由得也甚为感叹，但转念一想，关盼盼既然如此情深义重，为何不干脆殉节呢？白居易于是依韵和诗三首：

满窗明月满帘霜，被冷灯残拂卧床。
燕子楼中寒月夜，秋来只为一人长。

钿带罗衫色似烟，几回欲起即潸然。
自从不舞霓裳曲，叠在空箱一十年。

今春有客洛阳回，曾到尚书坟上来。
见说白杨堪作柱，争教红粉不成灰。

为了让关盼盼更加明白他的意思，他又再附上一首七言绝句：

黄金不惜买娥眉，拣得如花四五枚。
歌舞教成心力尽，一朝身去不相随。

张仲素回到徐州，把白居易为关盼盼所写的4首诗带给了她。

关盼盼接到诗笺，细读之后，不禁花容失色。没有想到，白居易对她的寡居生活不但没有同情，反而希望她能够以死明志，逼她殉节，禁不住泪流满面。她已经生活得够辛苦了，却想不到还要苦上加苦。

张仲素见状，心中又愧疚又后悔。他携诗去找白居易，本来是想帮关盼盼一把，却没想到竟然得到这个结局。谁知道大诗人竟是这样狭小的心胸与迂腐的见识？张仲素难过不已，只得在一旁陪着她暗暗落泪。

哭过之后，关盼盼忍泪磨墨，素手提笔，依白居易诗韵奉和七言绝句一首：

自守空楼敛恨眉，形同春后牡丹枝。

舍人不会人深意，讶道泉台不相随。

从那天开始，关盼盼就开始绝食。徐州一带知道情况的文人对她十分同情，纷纷写诗劝诫，但关盼盼死意已决。10天之后，一代佳人终于香消玉殒于燕子楼上。弥留之际，她虚弱不堪，勉强提笔写下：

儿童不识冲天物，漫把青泥汗雪毫。

她叹息自己的德行操守不能被浅薄的人所理解，但她此时也已不在意了。

关盼盼死后，白居易也颇感内疚。为了弥补自己的过失，他想为关盼盼做点事情，于是多方托人，将关盼盼的遗体安葬到张愔的墓侧，让她得到世人的认同与身后的安宁。

宋朝苏轼曾夜登燕子楼，晚上梦见了一代佳人关盼盼，醒来之后，甚为怜悯和感叹，于是作了一首《永遇乐》词：

明月如霜，好风如水，清景无限。曲港跳鱼，圆荷泻露，寂寞无人见。纮如三鼓，铿然一叶，黯黯梦云惊断。夜茫茫，重寻无处，觉来小园行遍。

天涯倦客，山中归路，望断故园心眼。燕子楼空，佳人何在，空锁楼中燕。古今如梦，何曾梦觉，但有旧欢新怨。异时对，黄楼夜景，为余浩叹。

开元宫人

含情更着棉
蓄意多添线，

　　一入宫门深似海。古代宫女有幸承蒙皇帝宠幸的很少，因此深宫之中，难免有着深沉闺怨。她们渴望获取自由，获取幸福，于是，她们会通过各种各样的方式，寻找希望，寄托忧思。

　　唐代边塞军人的寒衣都由宫人缝制。在唐玄宗开元年间（713—741），有一个宫人，在缝制军袍的时候，偷偷地题了一首诗放在袍中，是为《袍中诗》：

　　　沙场征戍客，寒苦若为眠。
　　　战袍经手作，知落阿谁边？
　　　蓄意多添线，含情更着棉。
　　　今生已过也，愿结后生缘。

　　这首诗的大意是说，在沙场上征战的战士们啊，受尽寒冷辛苦，夜晚怎么能够睡着觉呢？我亲手缝制的这领战袍，谁知道会落在谁的身上呢？我故意在缝制时多用了些线，又多塞了些棉花，这些都表示着我对你的情意呀。今生今世也就过去了，如果有缘的话，我愿和你在来生来世再结姻缘，成为夫妻。

宫人其实并不知道谁会得到这件战袍，她只是把一腔柔情与对美好生活的期望全部寄予在这首诗里，并将其细细地缝进了袍子里，把棉花絮厚，又把针脚缝密。她祈求有人会发现它。这首诗没有用到任何典故，也没有炫耀写作技巧，只是一腔真情，娓娓道来，委婉真挚，十分动人。

碰巧真有一位战士得到了这领战袍，也发现了这首诗，立刻报告了主帅，主帅得诗，不敢隐瞒，就将此诗呈给了唐玄宗。

唐玄宗得诗，马上把六宫的宫人召集起来，把这首诗展示给宫人，说："有作者勿隐，吾不罪汝。"真的有一位宫人战战兢兢地站出来叩头，并说自己罪该万死，希望得到唐玄宗的宽恕。

宫人没有想到的是，唐玄宗看了诗之后，被诗中的真情所打动，对她很是怜悯，于是做主把她嫁给了那位得诗的边塞战士。

这位宫人曾于灯下独自缝补衣服，独自忧伤惆怅，她只想过上平凡温暖的夫妻生活。因为遇到了一位仁慈的帝王，她终于梦想成真了。

天宝宫人

聊题一片叶，寄与有情人

唐玄宗天宝年间(742—756)，著名诗人顾况来到洛阳，春天里杏花吹满头，暖风里都是草木的清香。于是，顾况沿着宫墙信步而行，欣赏这满目的春光。

墙边有一御沟，清澈的水流缓缓从宫内流出，水流里倒映着蓝天白云的影子。顾况忽然发现一片颜色深红的梧桐树叶在潺潺水流中浮泛而来，红叶在倒映的蓝天白云中静静穿行，很是好看。他不由得奇怪，这个季节，怎么会有落叶呢？好奇之下，他俯下身，轻轻地把那枚梧桐叶拾起，仔细一看，上面用娟秀的字迹写有一首诗：

一入深宫里，年年不见春。

聊题一片叶，寄与有情人。

他本是无心，看到这么一首诗，便惊讶起来，奇怪了，叶子上居然有诗，这诗是谁写的？这叶子是从宫墙内飘出来的，那么写诗的，只能是墙内的宫女。

捧着这枚美丽的梧桐叶，顾况好像看到了一个窈窕清秀的女子，灵慧多才，且有一份异想天开的小女儿心思，不由得心动。可是，连她是谁他都不知道。怎么办？

看着那仍在潺潺流动的清澈水流，诗人突发奇想，冲动之下，他跑到这条溪流的上游，也在一片梧桐叶上写了一首诗：

花落深宫莺亦悲，上阳宫女断肠时。
君恩不闭东流水，叶上题诗寄与谁？

诗写好后，顾况把梧桐叶放入溪流中，直至看着这片梧桐叶流入了宫墙，他才急忙离开，又回到原地，等待回音。有一份憧憬和期待，这等候的时光，寸寸都是美妙难言的。

时间随着流水缓缓而逝，天渐渐黑了。但顾况仍然坚持站在那里等着。他相信那个灵慧的女子，肯定有着同样敏锐的心思，能够明白并回应他的心意。他忽然有一种感觉，他会遇见，他这一生中最重要的女子。

在夕阳徐徐涌起的余晖中，忽然，他发现了一枚写满了隽秀小字的梧桐叶，在水流中缓缓漂来！顾况大喜，赶紧轻轻俯身，像捧一颗心似的，把它捧了出来。叶上果然又题了一首诗：

一叶题诗出禁城，谁人酬和独含情？
自嗟不及波中叶，荡漾乘春取次行。

顾况把这首诗读了一遍又一遍，禁不住醉了。他感到自己的心灵和另外一颗心是相通的，茫茫人海，他遇到了她，那个与自己灵魂相契的爱人。

自此以后，顾况常常与宫女梧桐叶传情，两人已经互定终身。"安史之乱"爆发后，洛阳失守，顾况与心上人携手外逃，隐居于山野之中。

那枚在水流中轻轻漂动，承载着所有憧憬、甜蜜、幸福、等候的梧桐叶，以及顾况和他心上人的这3首诗，从此成为了一段佳话。

此书见载于《本事诗》。唐代类似题梧桐叶的宫怨诗还有德宗宫人的《题花叶诗》、宣宗宫人的《题红叶》等。层层宫墙束缚住了宫女们的青春活力与情感才华，只有这么几首潺潺流水上的题叶诗流传了下来。

休零离别泪，携手入西秦

王韫秀

王韫秀，祖籍祁县，后移居华州郑县（今陕西省华县）。河西节度使王忠嗣之女，宰相元载之妻。

王韫秀是个很有个性的女子，"悍骄庚眢"，并不是一味柔顺温婉。她出身名门，父亲王忠嗣曾身兼河西、陇右、朔方、河东四镇节度使，掌握全国劲兵。他重用将才，屡立战功，后来被奸相李林甫忌惮，诬告其谋反，因此王忠嗣被玄宗远贬。王韫秀经历了家庭由盛转衰的过程，胸中自有愤懑不平之气，希望能够重振家业。而她是一女子，不能博取功名，因此，便把希望寄托到了丈夫身上。

王韫秀和丈夫元载刚成亲时，元载家境很贫寒，不得不借住在岳父家里，因而屡屡受到岳父家人的歧视嘲笑。时间一长，夫妻二人都是倍感屈辱，无法忍受。于是，王韫秀劝说丈夫去长安游学，以增长见识，求取功名。

元载听从了妻子的建议。临行时，他赋诗一首《别妻王韫秀》和王韫秀作别，诉说自己的委屈，也表露自己的决心：

> 年来谁不厌龙钟，虽在侯门似不容。
> 看取海山寒翠树，苦遭霜霰到秦封。

王韫秀见诗之后，为丈夫的不甘平凡、胸怀大志而感到安慰，于是下定决心离开娘家陪伴丈夫。她宁愿和元载一起受穷，也不愿受家里人的冷嘲热讽。她是个言出必行的女子，随即便收拾好家中细软，与丈夫一起出走。临走时她写下了《同夫游秦》的诗，以明心意：

> 路扫饥寒迹，天哀志气人。
> 休零离别泪，携手入西秦。

这首诗果断刚毅，清代诗论家陆昶赞道："其偕夫一首，何等警挺!"

元载夫妻携手入秦以后，因元载学问超群，屡陈时务，得近权贵，深合上意，很快得到皇帝的器重。皇帝提拔他当了中书，继而又提拔他当了宰相，其权势超过了当年的岳父。

在官场上，元载一帆风顺，春风得意。王韫秀妻凭夫贵，就这样由落魄贫女变成了宰相夫人。当时对他们百般嘲弄、不拿正眼看他们的王家人，此时对他们都毕恭毕敬。世态炎凉，人情冷暖，王韫秀算是都见识到了。

日子过得富贵悠游，生活是不愁了，然而新的忧虑又涌上了王韫秀的心头。元载在相位多年，权倾四海，家资豪富，收集了不少外方珍异，而他也开始贪赃纳贿，生活奢侈，宠爱薛瑶英等姬人，而对上门宾客也渐渐怠慢。王韫秀知道人是会变的，但她没有想到，有一天，她的丈夫会变得如此陌生。王韫秀对此感到不安，曾经写诗《喻夫阻客》相劝：

> 楚竹燕歌动画梁，春兰重换舞衣裳。
> 公孙开阁招嘉客，知道浮荣不久长。

但是元载再也听不进去了。她无可诉说，只好给自己的妹妹写了一首诗，表明自己的担忧之意：

> 相国已随麟阁贵，家风第一右丞诗。
> 笄年解笑鸣机妇，耻见苏秦富贵时。

诗中用苏秦的典故。苏秦求官不得，回家时，妻子正在织布。妻子因为瞧不起丈夫，也不下机迎接。而在这里，王韫秀是反用其意，认为苏秦的妻子更应该为苏秦挂六国相印却富贵骄奢而羞耻。

在最困难的时期，夫妻俩心心相印，彼此扶持，不离不弃，终于守得云开见月明。但是在富贵之后，元载却背离初心，移情别恋，又兼性情大变，夫妻俩貌合神离。她的劝诫之诗，丈夫一首都没有看进去。共患难，却不能共富贵，王韫秀伤感不已，又无可奈何。

后来元载终于因为贪奢被代宗赐死，他的儿子元伯和、元仲武等都被杀。元载的宠姬在此时却转作他人的姜室，毫不留情地抛弃了他和他的家庭。

按唐律，元载家的妻女并未处斩，只被投入宫中做粗活。但王韫秀不愿苟活偷生，她说："王家十二娘子，二十年太原节度使女，十六年宰相妻，死亦幸矣，坚不从命！"于是她被官府笞杖齐下，活活打死。

杜羔妻

如今妾面羞君面，
君若来时近夜来

　　杜羔妻是唐代进士，洹水（今河南内黄）人杜羔的妻子，是一个颇有文才的女诗人。典籍中没有记下她的全名，只记录了她姓赵。《全唐诗》中存有她的 4 首诗。从诗中可以看出，她生性活泼，毫不拘谨，还经常跟夫婿开玩笑。

　　她的夫婿杜羔是唐初中书令杜正伦的五世孙，也是当时有名的孝子。他的父亲死于安史战乱，他历经千难万险寻母，并将其父遗骨归葬。他登第后历官 30 多年，官至振武节度使。

　　杜羔妻嫁给杜羔的时候，杜羔家庭很是贫困。他和妻子都把改善生活的希望寄托在一举中第上面。可惜杜羔虽然刻苦攻读，自负高才，却仍然屡试不第，备受打击。有一次杜羔信心满满地去应考，却仍然落第，满面羞愧地回来了。杜羔妻子听说丈夫又落第了，心中自然不快。于是她在杜羔快要到家的时候，写了首《夫下第》寄给他，调侃夫君的窘况：

唐宋才女诗词小传

劝君莫惜金缕衣，
劝君惜取少年时

良人的的有奇才，何事年年被放回？

如今妾面羞君面，君若来时近夜来。

　　杜羔妻子讽刺杜羔总是说自己有奇才，既然有奇才，为何年年都中不了第？如今又下第了，就这么灰溜溜地回来，自然颜面无光，如果想要回家的话，最好就趁晚上没人看见的时候回来吧。

　　这首诗虽然是妻子善意的调侃，但甚为辛辣，杜羔的面子肯定是挂不住的。大约是受了这首诗的刺激，杜羔越发奋发图强，刻苦攻读，终于在德宗贞元五年（789）登进士第。杜羔妻子知道杜羔终于中第之后，欢喜无限，作了一首《杂言》诗：

上林园中青青桂，折得一枝好夫婿。

杏花如雪柳垂丝，春风荡飏不同枝。

　　在这首诗里，杜羔妻子盛赞丈夫，并为他感到自豪。丈夫蟾宫折桂，而她就"折得一枝好夫婿"。因为心情欢畅，所以她看到的景致也都是一派欣欣向荣，杏花如雪，柳若垂丝，暖风熏人醉。

　　然而与此同时，杜羔妻有了新的忧虑。杜羔今非昔比，也算是年轻有为，长安城灯红酒绿，杜羔又是春风得意，不会受不了诱惑吧。于是，她欢喜之后，又转为焦虑，写下了一首《闻夫杜羔及第》：

长安此去无多地，郁郁葱葱佳气浮。

良人得意正年少，今夜醉眠何处楼？

　　杜羔妻的乍喜又愁，正是小女人的典型心理。在丈夫处于低谷的时候,未免有些嫌弃他,怒其不争;但等他真正出人头地了,又担心他会把自己抛之脑后。实际上,杜羔对妻子是甚为疼爱的,夫妻俩感情很好,杜羔也没有像妻子想象中那样得意忘形、抛弃糟糠之妻。

杜羔妻是个颇有情调的女子。伊世珍的《琅嬛记》和王象的《群芳谱》均有记载说,杜羔妻每于端午时,便采集一些合欢花,晒干后藏于枕中。当她见丈夫郁郁寡欢之时,便拈少许浸入杯酒之中,命丫环奉上。杜羔喝酒后便觉欢然,两人于是一夕缱绻。

杜羔历振武节度使,仕至工部尚书。但他宦游在外,路途辛劳,且夫妻久不得见,杜羔妻难免空闺寂寞。于是,她又把这种种复杂情绪诉诸诗,寄给丈夫:

> 君从淮海游,再过兰杜秋。
> 归来未须臾,又欲向梁州。
> 梁州秦岭西,栈道与云齐。
> 羌蛮万余落,矛戟自高低。
> 已念寡俦侣,复虑劳攀跻。
> 丈夫重志气,儿女空悲啼。
> 临邛滞游地,肯顾浊水泥。
> 人生赋命有厚薄,君但遨游我寂寞。

杜羔有一首《享惠昭太子庙乐章登歌》诗传世:

> 因心克孝,位震遗芬。
> 宾天道茂,轸怀气分。

发祇乃祀，咳叹如闻。

二歌斯升，以咏德薰。

　　杜羔还有两段与李益、广宣的联句，皆诗意平平，无足称道。杜羔妻的诗才是远远超过丈夫的。

想到千山外，沧江正暮春

裴淑，唐代著名诗人元稹继妻，字柔之，河东闻喜（今属山西）人。她出身士族，颇有才思。

元稹考中进士后娶韦丛为妻，韦丛是新任京兆尹韦夏卿之女。韦丛虽然出身贵族，却温婉贤惠，持家有道。809 年，韦丛去世，年仅 27 岁。她和元稹生了几个孩子，但只有一个女儿存活。韦丛死后，元稹伤心欲绝，写出《遗悲怀三首》和《离思五首》以悼亡妻韦丛。

韦丛死时，元稹不过 31 岁。一年之后，他在江陵纳安仙嫔为妾，安仙嫔是元稹的朋友李景俭的表妹。元稹纳了安仙嫔之后，基本上便停止了对韦丛的悼念，把心思与爱意全部转在安仙嫔的身上。不幸的是 3 年之后，安仙嫔留下一个孩子后也去世了。

又过了一年，元稹续娶了裴淑。裴淑是山南西道涪州（今重庆市涪陵区）刺史裴郧的女儿，通过权德舆做媒，元稹与裴淑结婚。裴淑也是人家闺秀，工于作诗。婚后两人感情甚为融洽。但因元稹在外做官，两人聚少离多，裴淑舍不得丈夫远去，每每流露出哀伤之意。后来元稹官迁会稽（今浙江省绍兴市），赋诗《初除浙东，妻有阻色，因以四韵晓之》：

> 嫁时五月归巴地，今日双旌上越州。
> 兴庆首行千命妇，会稽旁带六诸侯。
> 海楼翡翠闲相逐，镜水鸳鸯暖共游。
> 我有主恩羞未报，君于此外更何求。

829 年，元稹被封尚书左丞，出外当差，直到年终才回家。此时裴淑刚刚生了一个儿子，见到丈夫自然喜出望外。次年正月，元稹被授命出任武昌军节度使兼鄂州刺史，又要离家而去。

裴淑不舍丈夫离去，心中非常伤悲，面上也不由得浮现出不舍来。元稹听到宅内恸哭之声，很是悲戚，一问之下，原来是自己的夫人。为了安慰妻子，元稹又写了一首诗：

> 穷冬到乡国，正岁别京华。
> 自恨风尘眼，常看远地花。
> 碧幢还照曜，红粉莫咨嗟。
> 嫁得浮云婿，相随即是家。

裴淑亦作诗《答微之》：

> 侯门初拥节，御苑柳丝新。
> 不是悲殊命，唯愁别近亲。
> 黄莺迁古木，朱履从清尘。

想到千山外,沧江正暮春。

春日暖意融融,柳叶新碧,正是夫妻团聚之日,不料丈夫又要远行。她所悲哀的,不是朝廷对于元稹的任命,而是悲哀丈夫又一次的别离。她希望自己能够像黄莺儿跟随古木,朱红鞋踏及尘土一般跟随着丈夫,以解自己的相思之苦。只要一想到丈夫将要赶赴远方啊,她心中不由得浮现苍凉之意,仿佛暮春降临了沧江。

清代诗论家陆昶认为:"观赠达二诗不甚低昂,而其结句之'沧江正暮春'五字却警炼,胜于稹,通首无一劲挺之句。"陆昶认为裴淑在这首诗中所展现的诗才更在元稹之上。只可惜裴淑忙于照顾三个孩子,也没有更多的时间进行文学创作,她的传世之作就只有这么1首。

虽然元稹是有名的风流才子,婚姻之外,还和薛涛、刘采春等有染,但裴淑对元稹仍是一往情深。元稹去世后,她忧郁成疾,两年后也离开了人世。

张夫人

回看众女拜新月，
却忆红闺年少时

张夫人，楚州山阳（今江苏省淮安市）人，为大历十才子之一的诗人吉中孚的妻子。吉中孚为进士出身，后为翰林学士，他神骨清虚，吟咏高雅，而他的夫人张氏亦是一位善吟咏的才女。《全唐诗》里存有她的5首诗，题材新颖，别出心裁，很是清新秀逸。

张夫人写有一首《拜新月》，这是她的名篇。写此诗时，她已经是饱经沧桑的中年女子，诗里充满对青春岁月、少女时光的无限怀念与怅惘：

拜新月，拜月出堂前。

暗魄初笼桂，虚弓未引弦。

拜新月，拜月妆楼上。

鸾镜始安台，蛾眉已相向。

拜新月，拜月不胜情，庭花风露清。

月临人自老,人望月长明。

东家阿母亦拜月,一拜一悲声断绝。

昔年拜月逞容辉,

如今拜月双泪垂。

回看众女拜新月,却忆红闺年少时。

　　唐代女子有拜新月的习俗。在新月冉冉升起的晚上,女子对着初升的新月祷告心愿,祈求自己的幸福。这天晚上,张夫人看到一群少女在拜新月,不胜感慨。依然是庭花香溢,风清露浓,仿佛还是自己年轻时的那些夜晚,可眼前那些拜新月的,又是新一代的少女了。她只觉年华如水,红颜易逝,新月常在,而人已老去。此时邻居老妇也在拜月,苍老忧愁的面容与光华灿烂的少女们形成了鲜明的对比。老妇回忆起自己昔日风华正茂时拜月,青春姣好的面容可以和月亮争辉,而如今却老态龙钟。张夫人看看老人,再看看那群天真烂漫的拜月少女,一个是她的未来,一个是她的过去,她不禁回忆起自己年少闺中的无忧岁月。《拜新月》全诗勾勒出一幅众女拜月的风情民俗图,栩栩如生。这首诗历来受到文士称赞。沈德潜曾评价:"名士老年回忆青灯诵读时,亦复如是。"

　　女子爱美,张夫人自然也不例外。她曾经在闺房之外,拾得一枚花钿,得知是一位姓韦的夫人所弃,不由得感叹。花钿曾经也是韦夫人的心头之爱,曾经被她的纤纤素手拈起,缓缓插入鬓发之中,也曾经令她开颜一笑,如何能舍得丢弃呢?她因此事,也赋诗一首《拾得韦氏花钿以诗寄赠》:

今朝妆阁前,拾得旧花钿。

粉污痕犹在，尘侵色尚鲜。

曾经纤手里，拈向翠眉边。

能助千金笑，如何忍弃捐。

从这首诗里能看出，张夫人是一位恋旧怀旧之人，性情温厚宽和。

作为一位官吏夫人，张夫人却很关注并同情农民的疾苦，怀着一份悲天悯人的情怀，写下了一首《古意》：

辘轳晓转素丝绠，桐声夜落苍苔砖。

涓涓吹溜若时雨，濯濯佳蔬非用天。

丈夫不解此中意，抱瓮当时徒自贤。

她也有别出心裁的小诗。喜鹊在人们心中是喜事盈门的象征，但张夫人在诗中一反其意，道家无喜事，要喜鹊不必过来，令人耳目一新，她作的是《诮喜鹊》：

畴昔鸳鸯侣，朱门贺客多。

如今无此事，好去莫相过。

她见春日里柳絮如雪，与落花共舞，很觉有趣，也曾作诗咏柳絮，语出自然，清新可爱：

霭霭芳春朝，雪絮起青条。

或值花同舞，不因风自飘。

过尊浮绿醑，拂幌缀红绡。

那用持愁玩，春怀不自聊。

她还有一些清丽之句流传了下来，记录在《吟窗杂录》中，但有句无篇，如"游蜂乍起惊落塈，黄鸟衔来却上枝"(《柳絮》)，"临风重回首，掩泪向庭花"(《寄远》)，"镜中春色老，枕前秋夜长"(《咏泪》)。

崔素娥

神魂倘遇巫娥伴，
犹逐朝云暮雨归

崔素娥，是唐人韦洵美的妾室。崔素娥生得艳光逼人，又能吟诗作对，韦洵美很是喜欢她，虽然是妾室，但实质上地位等同于妻。

后来邺都罗绍威辟韦洵美为从事，崔素娥便跟随韦洵美一起去上任。一路上，韦洵美喜气洋洋，以为此次新官上任，定能有一番作为。寒窗十年，饱读诗书，不就是渴望有一番作为吗？

见到夫君如此踌躇满志，崔素娥也是喜上眉梢，他们期盼着一个更加光明的未来。但现实并没有按照他们预想的轨道行进，自韦洵美到任之后便诸事不顺，还横生变故。

韦洵美的上司罗绍威听说崔素娥有绝美之姿，心中垂涎不已，于是屡屡相问，逼着韦洵美献出美人。韦洵美自然极不情愿。但是罗绍威对崔素娥志在必得，对韦洵美威逼利诱。韦洵美是文弱书生，又没有家世和其他背景庇护自己，情非得已，便把此事告知崔素娥。

素娥听闻，不忍夫君受此煎熬，于是忍泪咬牙同意了。临行时，崔素娥作下《别韦洵美诗》依依惜别夫君：

> 妾闭闲房君路岐，妾心君恨两依依。
> 神魂倘遇巫娥伴，犹逐朝云暮雨归。

韦洵美看到这首诗，更加心如刀割，痛彻心扉，却又无可奈何，只能眼睁睁地看着爱妾被人带走。

当天夜晚，他睡在房里，一个人长吁短叹，彻夜不眠。同行的人觉得奇怪，于是询问他，得知了来龙去脉。那人被他们的爱情所感动，见到崔素娥写的诗之后，也欣赏她的才华，认为这种奇女子不能委身于凶恶之徒，于是迅速离去。而韦洵美尚不知情，还在房中长吁短叹。

到了三更之时，只听到门外轻响。韦洵美还未回过神来，同行之人已经背了个大皮囊进了门，走到他面前，放下皮囊。韦洵美只觉得眼前忽然一亮，原来是皮囊松开，一个秀美女子走了出来，含笑带泪地看着他——正是崔素娥！

原来这个同行人是个身负绝技的侠客，很为他们二人打抱不平，于是拔刀相助，从罗绍威家中劫出崔素娥，带回了韦洵美处。韦洵美和崔素娥执手相看泪眼，不由得悲喜交加。

还是同行人提醒他们，此地不宜久留，以防罗绍威追捕。于是韦洵美带着崔素娥连夜逃走，从此隐姓埋名。韦洵美也从此抛却功名利禄，甘愿与崔素娥做尘世中的一对平凡夫妻。

李舜弦

蒙蒙雨草瑶阶湿，
钟晓愁吟独倚屏

　　李舜弦是唐五代前蜀后主王衍的昭仪，容色清丽，富有文才，"工为诗、善七律"，文辞亦如人一般清丽自然。她的哥哥李珣也是著名词人。

　　据《茅亭客话》记载，李舜弦先世为波斯人，因此，她的容貌还带有淡淡的异域风情，也许还有一双大海般澄蓝的眸子。只是关于她的容颜和生平也并没有过多记载，而她传世之诗也只有3首。

　　身在后宫之中，她似乎也不甚受宠，因此诗里总是萦绕着淡淡的哀愁。深宫寂寞，孤独苦闷，空有美貌与才华，也只能看着急急流年如水而逝，青春弹指，红颜白发。她便常以诗文排遣。她曾作一首《钓鱼不得》，暗含了自己的身世之叹：

　　尽日池边钓锦鳞，芰荷香里暗消魂。

　　依稀纵有寻香饵，知是金钩不肯吞。

那锦鱼在开满荷花的池里游来游去，好不快活，就算有垂钓的渔夫放下香饵，知道这香饵中有金钩，它又怎么会上钩呢？她叹息自己没有那鱼儿的聪慧，禁不起物质的诱惑，进宫做了妃嫔，结果葬送了一生的幸福，埋没了自己的青春。

李舜弦曾经随蜀王同游于青城山，当时宫人们都穿着道服，戴着金莲花冠，衣上画着云霞，远远望去，飘飘然有神仙之感。她心有所感，写下一首《随驾游青城》：

因随八马上仙山，顿隔尘埃物象闲。

只恐西追王母宴，却忧难得到人间。

她还有一首写宫中饮宴的《蜀宫应制》：

浓树禁花开后庭，饮筵中散酒微醒。

蒙蒙雨草瑶阶湿，钟晓愁吟独倚屏。

这首诗里，弥漫着伤感和愁怨。春暖花开，饮筵微醺，而她眼中却看到蒙蒙细雨打湿台阶的凄冷，独自倚屏愁吟。

由上述 3 首诗可窥见她当时的清醒与无奈。深宫之中，她的如花容颜和一身才华，就这样静静地凋零消散，她的诸多作品也已经湮灭不见。

薛嫒

恐君浑忘却，
时展画图看

薛嫒是晚唐一位"善书画，妙属文"的女子。她是濠梁（今安徽省凤阳县）人，嫁给了一个名叫南楚材的男子。

美貌而有才情的女子总是颇有生活小情趣，红袖添香，娇柔灵俏。因此，起初丈夫很爱她，夫妻两人生活得倒还和睦甜蜜。

后来南楚材离家远游，到了颍地（今河南省许昌市），结识了那里的长官。那长官并不知南楚材已经娶亲，见他仪表堂堂，风流潇洒，也颇有才学，对他很是欣赏，想把女儿嫁给他。于是，在交谈中，长官表达了这个意思。南楚材怔了怔，家中妻子娇俏宛转的模样在心中转了几转，不是没有犹豫，但是与长官之女结亲，则意味着仕途通畅，平步青云。一瞬间，他心中天人交战。很快，对权力的渴望压过了夫妻深情。他欢欣地应下了婚事。

南楚材即日便命令仆从回濠梁取出琴书等物，表示不再归家，但他又不想在妻子面前过早表露负心人的面目，说是"不亲名宦，唯务云虚",要到青城求道,上衡山访僧。这样,他在外娶亲,妻子还可在家给他守着家门父母,替他尽孝。

而薛媛是个玲珑心思的人,早就觉察到了不对劲。她听到仆从述说种种,心中早明白了是怎么回事,如同被人兜面泼了一盆冰水,心凉透顶,忍不住珠泪盈眶。原来男子变心的时候,竟可以凉薄至此,自私至此!

她缓缓转头,看到镜子里自己的容颜,原本乌黑浓密的青丝,因为对丈夫的相思之情而干枯稀疏了许多,而曾经是春水梨花一般的容颜也已经憔悴不已。她揽镜自照,自伤自怜,终于缓缓铺开了一纸画卷。她对着镜子,一笔一笔细细描画下自己的模样,那镜中美人容颜瘦损,秀眉微蹙,任是春风吹不展,而目光中尽是悲哀痛苦,叫人看了心底生怜。那负心人,可知她此刻正心如刀绞?她的泪珠在眼眶里滚来滚去,终于落了下来,将画纸沾湿。

画完了之后,她于画上题了首《写真寄夫》诗以寄意:

欲下丹青笔,先拈宝镜寒。

已惊颜索寞,渐觉鬓凋残。

泪眼描将易,愁肠写出难。

恐君浑忘却,时展画图看。

南楚材收到画,看到画中妻子憔悴的模样,再读这首柔肠寸断的诗,内心愧疚不已,最终他没有再娶,而是回家乡与薛媛团聚,两人终于白头偕老。

当时的人很看不起南楚材,也很同情薛媛,有人便因这件事作了一首诗:"当时妇弃夫,今日夫弃妇。若不逞丹青,空房应独守。"后来明代汤显祖《牡丹亭》中有句"三分春色描将易，一段伤心写出难"，也似从此诗化出。

　　唐朝人物画名家辈出，有吴道子、张萱、周昉、韩干、阎立本等。与这些男画家不同的是，薛媛的肖像画是以自身为描绘对象，将自己失意的心境融入画意之中。因此，她的画是以情动人，娟娟秀美。只可惜此画已失传了。

晁采

珍簟生凉夜漏余，
梦中恍惚觉来初

晁采，小字试莺。唐代大历时(766—779)人。晁家世代书香，诗文
传家，因此晁采深娴翰墨，丰姿艳体，明慧动人。

有一位尼姑经常出入她家，也被晁采的美貌惊艳了。之后逢人便
说晁采的美丽："不施丹铅，而眉目如画；不佩芳芷，而体恒有香；不簪珠
翠，而鬟鬓自冶。"

有一天，晁采家的兰花开了，姿态优美，清香四溢。她的母亲见状，
一时兴起，便要晁采赋兰一首，她应声吟道："隐于谷里，显于澧浔，贵比
于白玉，重匹于黄金，既入燕姬之梦，还鸣宋玉之琴。"敏慧如此。

晁采与邻居家的少年文茂青梅竹马，两人心中都认定对方就是自
己要伴随一生的人，只是都尚年幼，谁也不好意思说破。长大之后，两
人不能像小时候那样常常见面了。文茂便时常寄诗给晁采，表达自己
的相思之情，他曾写有《春日寄采》4首：

美人心共石头坚,翘首佳期空黯然。
安得千金遗侍者,一烧鹊脑绣房前。

晓来扶病镜台前,无力梳头任髻偏。
消瘦浑如江上柳,东风日日起还眠。

旭日瞳瞳破晓霾,遥知妆罢下芳阶。
那能化作桐花凤,一集佳人白玉钗。

孤灯才灭已三更,窗雨无声鸡又鸣。
此夜相思不成梦,空怀一梦到天明。

晁采得诗,心中不由得泛起阵阵波澜,甜蜜不已。她毕竟是初涉爱河的少女,虽然矜持,但忍不住心神荡漾,想要递物传情。于是,她来到院中池塘边,摘下池中莲蓬,取出 10 颗青青莲子,用洁净锦缎细细包好,派侍女送给文茂。莲子即怜子,晁采其实是告诉文茂,她已知他心意,并且她的心意亦和他一样。才女晁采便以这样含蓄优美的方式,来告诉文茂自己的心意。她也笃定他一定能读懂她。

文茂收到莲子之后,知道晁采跟自己心心相印,欣喜若狂。欢喜之中,有一枚莲子从他手中坠落,落入一个土盆之中。文茂并没有在意。结果不久之后,那枚莲子居然在土盆之中生根发芽了,并且还开出了一株并蒂莲花。两朵红莲相依相偎,仿佛在暗示着他们的爱情可以开花结果。草木解心意,莲花知人情,文茂见到之后,心中大喜,于是赶紧写书信向晁采报喜。

晁采见信,心中也是欢喜。莲花并蒂开,岂不是绝好的兆头?看

来,她和文茂真的是郎才女貌,天生一对。于是,晁采又给文茂写诗相寄,曰:

> 花笺制叶寄郎边,的的寻鱼为妾传。
> 并蒂已看灵鹊报,倩郎早觅买花船。

时光荏苒,转眼到了秋天。虽然晁采、文茂两人经常写信相互诉说衷情,但柔情蜜意一直只停留在纸上,并没有机会见面。正好有一天,晁采的母亲有事要出门,晁采立刻派侍女通知文茂。

文茂欢喜至极,踏着月光到了晁采家里,两人终于相会了,四手相握,心旌摇曳,就此私订终身。一夜缱绻之后,到了早晨,两人都是恋恋不舍,不忍分离。晁采便用小剪子铰下自己的一缕乌黑秀发,送给了文茂。

文茂回去之后,把晁采的那缕秀发藏在枕头旁。秀发润泽馨香,令他更加思念晁采,因此又写了一首诗寄给她:

> 几上金猊静不焚,匡床愁卧对斜曛。
> 犀梳金镜人何处,半枕兰香空绿云。

一夕欢会之后,见面的机会却遥遥无期。晁采在闺阁中日夜思念情郎,也是借诗抒怀:

> 珍簟生凉夜漏余,梦中恍惚觉来初。
> 魂离不得空成病,面见无由浪寄诗。
> 窗外江村钟响绝,枕边梧叶雨声疏。

此时最是思君处，肠断寒猿定不如。

文茂见信，便作诗答道：

忽见西风起洞房，卢家何处郁金香。
文君未奔先成渴，颙颛初逢已自伤。
怀梦欲寻愁落叶，忘忧将种恐飞霜。
惟应会付春天月，共听床头漏渐长。

寒夜漫漫，晃采孤枕难眠，更残漏静，更是忧思不绝，于是漫吟着自己所创作的多首《子夜歌》，词句宛转，通透真挚，不减六朝之作。这是她的心血与情感所凝聚的诗歌，也是她最重要的作品：

侬既剪云鬟，郎亦分丝发。
觅向无人处，绾作同心结。

夜夜不成寐，拥被啼终夕。
郎不信侬时，但看枕上迹。

明窗弄玉指，指甲如水晶。
剪之特寄郎，聊当携手行。

绣房拟会郎，西窗日离离。
手自施屏障，恐有女伴窥。

> 金盆盥素手，焚香诵普门。
> 来生何所愿，与郎为一身。

> 寒风响枯木，通夕不得卧。
> 早起遣问郎，昨宵何以过。

> 得郎日嗣音，令人不可睹。
> 熊胆磨作墨，书来字字苦。

> 侬赠绿丝衣，郎遗玉钩子。
> 即欲系侬心，侬思著郎体。

相思最是伤人心，晁采终于忧郁成疾。晁母察觉到女儿心事重重，猜测女儿得的是心病，于是找来侍女询问，终于得知原因。幸好晁母开明，并不愿棒打鸳鸯，而是叹息道："才子佳人，自应有此。然古多不偶，吾今当为成之。"于是把女儿嫁给了文茂。一对有情人终成眷属。

第二年，文茂要赴京城长安参加会试，临别时两人又是一番缠绵难舍。晁采写下一首《春日送夫之长安》诗，表达惜别之情：

> 思君远别妾心愁，踏翠江边送画舟。
> 欲待相看迟此别，只忧红日向西流。

晁采养有一只白鹤，名叫素素。一天细雨迷蒙，晁采隔帘凝视窗外的绵绵雨丝，想起赶路的文郎，不禁愁思满怀，于是转头对白鹤素素说道："过去王母有青鸟名诏兰、紫燕，都能运飞送书，你难道不能吗？"结

果那只通人性的白鹤伸长了脖子迎向晃采,俯首若待命状。晃采明白了它的意思,忙找到纸笔,写成绝句两首:

　　窗前细雨日啾啾,妾在闺中独自愁。
　　何事玉郎久离别,忘忧总对岂忘忧。

　　春风送雨过窗东,忽忆良人在客中。
　　安得妾身今似雨,也随风去与郎同。

　　她把诗笺裹好系在白鹤足上,白鹤冲天而起,直往西北方向飞去。文茂正在路上,忽然听到熟悉的白鹤鸣叫之声,知道是家中的素素。抬起头来,素素已经落到他身边。文茂接到诗笺,得知妻子心事,不由得大为感动,相思之情也稍微得到了慰藉和缓解。

　　不久,文茂进士及第,再经吏部复试,授职为淮南道福山县尉。金榜题名后,文茂衣锦还乡,携带送信的白鹤素素回来家中。

　　后来,晃采随文茂往淮南赴任,两人生活得美满和睦。《全唐诗》中记载了这个故事。

姚月华

春水悠悠春草绿，
对此思君泪相续

姚月华，唐代才女，但关于她所生活的年代并没有详细记录。姚月华自幼丧母，由父亲抚养长大。

姚月华少女时代即聪慧绝伦，能诗善画。她家境富裕，父亲是一名行商，对女儿十分爱惜，加上父亲怜她自小失母，对她更是加倍宠爱。姚月华的少女时代可以说过得十分舒心，她每日都是沉浸在书香之中，专注于诗文而已。

传说她少年时曾经梦见一轮明月落在了自己的梳妆台上，睡醒后忽然如同开窍了一般，聪明过人，读书过目成诵，不久即能作文赋诗，文辞绝妙，如有淡淡月华蕴于其中。

但没想到，这深闺中的月华少女竟然于偶然间邂逅了一段恋情，而这恋情改变了她的一生。

有一天，姚月华跟随商人父亲过扬子江的时候，邂逅了邻舟一位名叫杨达的俊雅书生。杨达风度翩翩，一表人才，姚月华心中便有了几分好感。舟上无事，姚月华与杨达便以诗歌唱和，谁知道杨达不仅长相出众，而且才思敏捷，应答如流。

姚月华见他吐语文雅，心中不由得浮起爱悦之意，又见到他写的《昭君怨》的诗："汉国明妃去不还，马驮弦管向阴山。匣中纵有菱花镜，羞对单于照旧颜。"颇为赞赏，并要侍女找他要了他的旧稿。

从此之后，姚月华与杨达书信往来，彼此唱和。杨达虽然对她很是欣赏，并颇有好感，但谈不上爱恋，更没有像她一样情根深种。因此，这份爱情，很大程度上是姚月华的单相思。她对杨达的爱情，并没有得到回应，她苦苦地等待着，从一个无忧少女彻底转变为了一位深闺怨妇，忘记了过去，也看不到将来，再没有了青春的明媚与天真，只有无尽的纠结、幽怨、哀伤。

她给杨达写了很多诗。现在她所留存于世的 6 首诗，都是为杨达而作。她在爱情中患得患失、忧愁缠绵的心态，都可以从这些诗中看出来。

她亲手制作了一双精美的鞋子，送给杨达，并用这双鞋子比喻自己和杨达，希望两人能成双人对，如鸳鸯比翼。《制履赠杨达》写道：

金刀剪紫绒，与郎作轻履。

愿化双仙凫，飞来入闺里。

杨达对她的这份爱情，既不拒绝也不回应，这让她感到无尽的纠结与痛苦，她已经深陷在感情的旋涡之中，写的诗也是幽怨缠绵。这首春日里所作的《怨诗寄杨达》，写她看到芳草萋萋，便因思念杨达而流泪不止：

春水悠悠春草绿，对此思君泪相续。

羞将离恨向东风，理尽秦筝不成曲。

与君形影分吴越，玉枕经年对离别。

登台北望烟雨深，回身泣向寥天月。

　　她一直得不到杨达的回应，春去秋来，梧桐叶落，秋风瑟瑟，她去拿银瓶，都觉得手冷不已。而手冷的同时，她的心也是凉到了极点。她又写下了一首清冷惆怅的《楚妃怨》：

梧桐叶下黄金井，横架辘轳牵素绠。

美人初起天未明，手拂银瓶秋水冷。

　　她还为杨达写下了 4 首《阿那曲》，从中能看到她爱而不得的深切哀愁，其中两首为：

与君形影分胡越，玉枕经年对离别。

登台北望烟雨深，回身泣向寥天月。

银烛清尊久延伫，出门入门天欲曙。

月落星稀竟不来，烟柳胧瞳鹊飞去。

　　《阿那曲》在《全唐诗》中题作《有期不至》。她与杨达长久别离，她等待了杨达很久很久，从傍晚到深夜再到天明。他最终失约了，这让她感到痛苦和不安。

　　她另作一首《怨诗效徐淑体》，仿东汉秦嘉妻徐淑《答秦嘉诗》而作，但秦嘉、徐淑是一对心意相通的佳偶，而她是单方面的愁怨与思念，永远得不到对方的回应，求之不得，辗转反侧：

妾生兮不辰，盛年兮逢屯。寒暑兮心结，夙夜兮眉颦。
循环兮不息，如彼兮车轮。车轮兮可歇，妾心兮焉伸。
杂沓兮无绪，如彼兮丝棼。丝棼兮可理，妾心兮焉分。
空闺兮岑寂，妆阁兮生尘。萱草兮徒树，兹忧兮岂泯。
幸逢兮君子，许结兮殷勤。分香兮剪发，赠玉兮共珍。
指天兮结誓，愿为兮一身。所遭兮多舛，玉体兮难亲。
损餐兮减寝，带缓兮罗裙。菱鉴兮慵启，博炉兮焉熏。
整袜兮欲举，塞路兮荆榛。逢人兮欲语，鞈匝兮顽嚚。
烦冤兮凭胸，何时兮可论。愿君兮见察，妾死兮何瞋。

姚月华除了工诗，还善画，花卉翎毛，世所鲜及。但是她画画不过是为了自娱自乐，从来不示于人。她曾经为杨达精心绘制了芙蓉与鸟的图，自然是以芙蓉自比，以鸟来比情郎杨达，约略浓淡，生态逼真。她还弹得一手好筝。

她后来的人生怎样，典籍上并没有记载，只有那一腔柔婉深情的单相思，被她的诗记录了下来，流传后世。

劝君莫惜金缕衣，劝君惜取少年时

杜秋娘

杜秋娘，《资治通鉴》里称她为杜仲阳，是唐代金陵人。

唐文宗大和七年（833）春天，杜牧奉命去扬州公干，经过金陵，见到孤苦伶仃的杜秋娘。那曾经艳名远播的一代美人这时已经老了，虽然憔悴的面容上还保留着几分昔日的娟丽，但已经完全无法让人把她和那个曾经在宴会上巧笑嫣然，令众人倾倒的歌女联系起来。

英雄迟暮，美人白头，乃是最让人伤悲之事。杜牧唏嘘不止，于是坐下来，静静倾听杜秋娘诉说平生，因"感其穷且老"，大诗人当即挥笔，写下了一首 110 行的《杜秋娘诗》，为她的一生作传：

京江水清滑，生女白如脂。其间杜秋者，不劳朱粉施。

老濞即山铸，后庭千双眉。秋持玉斝醉，与唱金缕衣。

濞既白首叛，秋亦红泪滋。吴江落日渡，瀣岸绿杨垂。

联裙见天子，盼眄独依依。椒壁悬锦幕，镜奁蟠蛟螭。

低鬟认新宠，窈袅复融怡。月上白璧门，桂影凉参差。
金阶露新重，闲捻紫箫吹。莓苔夹城路，南苑雁初飞。
……

地尽有何物？天外复何之？指何为而捉？足何为而驰？
耳何为而听？目何为而窥？己身不自晓，此外何思惟。
因倾一樽酒，题作杜秋诗。愁来独长咏，聊可以自怡。

很多年以前，杜秋娘还年轻，肌肤如雪，明眸似水，"生女白如脂"，"不劳朱粉施"。当年，在割据自雄的镇海军节度使李锜的宴会上，作为歌舞伎的她手持玉杯劝酒，风姿绰约，低头浅笑时亦令人有微醺醉感。当然，更让人魂牵梦绕的，是她如出谷黄莺一般悦耳的歌喉。在宴会上，她常常以清亮的嗓子唱起一曲《金缕衣》：

劝君莫惜金缕衣，劝君惜取少年时。
花开堪折直须折，莫待无花空折枝。

这首歌曲据说是她自己作词作曲的，可见她的不凡才气。

这首诗歌的意思，无非是劝人珍惜好时光。劝你啊，别单单只顾着爱惜那金缕衣，要好好珍惜那青春年华呀。趁花开正好的时候，将那娇美的花枝折下吧。花朵明艳能几时呢？再不折下，等花落满地，只有空枝之时，就悔之晚矣了。

因为年轻，因为美丽，因为举世无双的歌喉与舞姿，她备受李锜宠爱，被纳为侍妾。同时，她也获得了众多男子追逐的目光。唱起《金缕衣》的时候，她正当好时光，青春无限，风流宛转，浑不知后来自己所经历的一切悲喜苦乐。

　　过了不久，李锜因叛变被杀。杜秋娘籍没入宫，仍旧充当歌舞姬。在一次酒宴的时候，杜秋娘带着一丝身世飘零的伤感，在唐宪宗李纯面前唱起了那首她最擅长的《金缕衣》。歌喉啼啭，余韵悠长，如同迷迭香一般，直叫人心旌摇曳。

　　唐宪宗李纯正值年少，听这曲子，看这美人，不由得怦然心动。多情的帝王，遇上了倾城的美人，便是一段传奇的开始。很快，杜秋娘便被李纯封为秋妃。

　　做了秋妃的杜秋娘深受宪宗宠爱，虽然贵为皇妃，陡遭大变的她却郁郁不乐，毕竟，李锜对她很好，她曾拥有过那么恣意欢畅的一段时光。"月上白璧门，桂影凉参差，金秋露新重"的夜晚，她独自"闲捻紫箫吹"，饮食也无心，任是山珍海味，也无胃口，"归来煮豹胎，餍饫不能饴"。

　　但宪宗对她的爱渐渐融化了她的心，她又像以前一样笑生双颊。她还利用自己的聪明才智参与了一些军国大事，提出自己的见解，为宪宗分忧解劳，帮着他安邦治国。

　　国家太平后，手下有大臣劝谏唐宪宗用严刑厉法治理天下，但杜秋娘说："王者之政，尚德不尚刑，岂可舍成康文景，而效秦始皇父子？"唐宪宗听了觉得有理，便依了她的意见，以德政治天下。当国家逐渐平定昌盛之后，宰相李吉甫曾劝唐宪宗可再选天下美女充实后宫，他说："天下已平，陛下宜为乐。"唐宪宗此时还不到 30 岁，却满足而自得地说："我有一秋妃足矣！李元膺有'十忆诗'，今在秋妃身上一一可见，我还求什么呢？"李元膺的"十忆诗"共有十首，历述佳人的行、坐、饮、歌、书、博、颦、笑、眠、妆之美态。

　　杜秋娘获得了那权倾天下的帝王全心全意的爱恋，此时此刻，她无比满足，在那辉煌壮观的大明宫中，她步步都踩在阳光下，抬起头来，只觉风里都携满芬芳。

　　杜秋娘过了十几年相对而言快乐无忧的生活，正以为好日子会一直这样持续下去时，唐宪宗却不明不白地驾崩于中和殿上，年仅43岁。有人怀疑是宦官所为，却始终没人敢去追究当时势力庞大的宦官集团。

　　24岁的太子李恒在宦官马潭等人拥戴下嗣位为唐穆宗，改元长庆。因唐宪宗对杜秋娘的宠爱与信任，唐穆宗也十分尊重她，要她做了皇子李凑的"傅姆"。杜秋娘便把所有心血都倾注到李凑身上。辛勤操劳了十几年，皇子终于长大，"眉宇俨图画，神秀射朝辉"，杜秋娘心里多少也有点安慰。

　　但宫廷并非久安之地，不久，不满30岁的唐穆宗竟也莫名其妙地死去了；15岁的太子李湛继位为唐敬宗，不到两年，小皇帝唐敬宗也死了。唐敬宗的弟弟江王李昂被立为唐文宗。因文宗年幼不更人事，朝廷大权实际落在一帮大臣和宦官手中。

　　此时，杜秋娘照看的皇子李凑已被封为漳王，在她的悉心教导下，李凑有勇有谋，沉稳大气，杜秋娘心中欢喜，便谋划着一场政变，扶植李凑上位。可惜政变失败，李凑被贬为庶民，而杜秋娘也被削籍为民。

　　当杜秋娘被遣回故乡时，她已年老色衰，贫困无依，连潼关旧吏和吴江舟人也认不出当年如花朵儿一般轻轻巧巧、摇曳生姿的她。

　　出宫之时，杜秋娘"回首尚迟迟"，昔日是那样娇美伶俐的少女，如星光一般照亮男子的眼睛，也享受过皇妃的富贵，膝下有皇子的欢闹，却几经沉浮，老去后憔悴孤苦，颠沛流离，这人生，恍若一场大梦。

满地落花铺绣，
春色着人如酒

梁意娘

　　梁意娘，大约生活在唐五代后周时期，潇湘梁公之女。她琴诗书画样样皆通，尤其擅长作词、抚琴，是当时著名的女词人和古琴师。

　　梁意娘与表哥李生同年所生，青梅竹马，渐渐心意相通。等到长大了，梁意娘出落得婀娜多姿，李生也是玉树临风，二人品貌相当，情意萌生，彼此认定了对方便是自己今生所爱。

　　这一年的中秋佳节，李生、意娘两家在一起团聚赏月。两人父母早早便歇下，就留下他们四目相对，脉脉情深。趁此机会，两人山盟海誓，私订终身。互表心意之后，两人的感情又进一步加深，天天如胶似漆，几乎达到了一日不见如隔三秋的地步。

　　不久，两人的密切交往引起了意娘父亲梁公的注意，他见女儿时常发呆，神情恍惚，一再追问下，意娘只好一一告知了父亲。得知二人的事情之后，梁公大发雷霆，把女儿锁在闺房中，不许他们再见面。他还告知了李生的母亲，要她管教好儿子。李生的母亲怒斥李生，并将他送到永州其叔父家攻读儒学，准备科考，并发下重誓，不获功名，不许回家。

于是，梁意娘和李生就此分开，两人都饱受相思之苦。梁意娘每每念及李生，柔肠寸断，相思之情无处诉说，只好诉诸诗词和琴。她写下一首《秦楼月》：

春宵短，香闺寂寞愁无限。愁无限，一声窗外，晓莺新啭。
起来无语成娇懒，柔肠易断人难见。人难见，这些心绪，如何消遣。

时间荏苒，转眼暮春，满地落花，春色浓如酒，然而李生却不见消息。她又写下了另一首著名的相思之词《茶瓶儿》：

满地落花铺绣，春色着人如酒。晓莺窗外啼杨柳，愁不奈、两眉频蹙。
关山杳，音尘悄。那堪是、昔年时候。盟言辜负知多少。对好景，顿成消瘦。

他们整整分离了 3 年，同心而离居，忧伤以终老，梁意娘迅速憔悴了。在这 3 年之中，她把满腔的思念谱成了一首名为《湘妃怨》的琴曲，为此曲赋诗加配歌词，来表达自己对李生的思念之情。诗中写道：

花花叶叶落纷纷，终日思君不见君。
肠欲断兮肠欲断，泪珠痕上更添痕。
我有一寸心，无人共我说。
愿风吹散云，诉与天边月。
携琴上高楼，楼高月华满。

相思泪未终，泪滴琴弦断。

人道湘江深，未抵相思半。

江深终有底，相思无边岸。

君在湘江头，妾在湘江尾。

相思不相见，同饮湘江水。

梦魂飞不到，所欠唯一死。

入我相思门，知我相思苦。

长相思兮长相思，短相思兮无尽极。

早知如此挂人心，悔不当初莫相识。

这首诗里，糅合套用了多首名诗的经典之句，最后结句更直接引用了李白的《长相思》，但糅合得巧妙自然，不显突兀。只要一思念起李生，梁意娘便抚琴泣唱，琴声悱恻，歌声动人。这首《湘妃怨》因此声名远扬。

梁公见女儿如此忧伤，日益憔悴，哪里还是当初那个鲜妍明亮的少女，心中难免也有点后悔。不久，李生叔父的家人来湘阴走亲戚，意娘便托他把自己所写的诗捎给了李生。李生见诗之后，流泪不止，于是拜托了一位德高望重的亲戚前往梁意娘家劝说梁公。梁公早有悔意，便顺水推舟同意了他们的婚事。

李生和梁意娘分别3年之后终于团圆了，并结下了百年之好。两人结婚之后，非常珍惜这来之不易的婚姻，感情十分融洽。

李生更是刻苦攻读，最后进京会试，金榜题名，高中进士。两人一直相敬如宾，携手到老。他们的这段美满姻缘也因此被人称道和传颂，后人以此故事为题材，写成了梨园戏《梁意娘》。

徐月英

虽然日逐笙歌乐，
长羡荆钗与布裙

徐月英，晚唐时的江淮名妓，她善于作诗，有诗集传于当时，但现在只有两首七言绝句，外加断句一联，其他作品都已经散佚了。

徐月英最著名的还是那一联断句："枕前泪与阶前雨，隔个窗儿滴到明。"但全诗失传。此句寓情于景，情景交融，又不露痕迹，浑然天成，历来被认为是佳句。

后来这句诗被宋代女词人聂胜琼拿去放入了自己的词中，凑成了一首《鹧鸪天》，后人以为是聂胜琼的原创，其实并不是。它的原创者是生平皆已不可考的徐月英。

从徐月英现存的这两首诗来看，她曾经有过一段刻骨铭心的恋情，但她和心上人终究没有在一起。她感叹人世间的事情往往事与愿违，本是两人双双对对，回来却只剩了自己一个人。她心中无比悲伤，因而连亭前水面的鸳鸯也憎恨上了。这种愁绪与悲哀，被她记录在了《送人》一诗中：

惆怅人间万事违,两人同去一人归。

生憎平望亭前水,忍照鸳鸯相背飞。

她沦落风尘,憎恨妓女生涯,时常以泪洗面。虽然夜夜笙歌,纸醉金迷,但还不如荆钗布裙的贫家女儿活得自在而有尊严。她希望自己能彻底脱离这样的环境。如果良人还在,是不是可以早日离开,远走高飞,双宿双栖?她曾满怀酸楚,写下《叙怀》一诗:

为失三从泣泪频,此身何用处人伦。

虽然日逐笙歌乐,长美荆钗与布裙。

关于徐月英的生平记载非常少,只有寥寥几笔:"有徐公子者,宠一营妓,死而焚之。月英送葬,谓徐曰:'此娘平生风流,殇犹带焰。'"话语中看不到悲悯,似乎颇有幸灾乐祸之感。

借用了她诗句的聂胜琼,因思念情郎李之问,于是作了一首《鹧鸪天》词寄之:

玉惨花愁出凤城,莲花楼下柳青青。尊前一唱阳关曲,别个人人第五程。

寻好梦,梦难成。有谁知我此时情,枕前泪共阶前雨,隔个窗儿滴到明。

这首词被李之问藏在箧中,却还是被李之问妻子看见了。李妻也是个才女,细读这首词,只觉语句清健,心中欣赏,便同意丈夫纳聂胜琼为妾,给了她一方安身之所。

花蕊夫人

君王城上竖降旗，
妾在深宫哪得知

花蕊夫人徐氏，是唐五代后蜀末帝孟昶的宠妃，工诗擅词。她生得明眸皓齿，娇媚妍丽，孟昶觉得用花形容她还不能突出她的美貌，"花不足以拟其色，蕊差堪以状其容"，于是用"花蕊"来形容她，号"花蕊夫人"。后来她又被升号慧妃，以彰显她的聪明灵慧。

孟昶是后蜀高祖孟知祥的第三个儿子，在他刚刚当皇帝的时候，还是做了一些利民的实事，兴水利，重农桑，但后来不思进取，沉溺于享乐安逸，结果成了著名的亡国之君之一。

他宠爱花蕊夫人。相传花蕊夫人爱花，尤爱芙蓉花。孟昶便下令全城广植芙蓉花。及至花开时节，满城皆是芙蓉树，芙蓉花开得光华璀璨，如同锦绣。除了芙蓉花，花蕊夫人还喜爱牡丹花，于是孟昶命官民人家大量种植牡丹，还不惜花费巨资派人前往各地选购优良品种，在宫中开辟富丽堂皇的"牡丹苑"。

孟昶之所以如此宠爱花蕊夫人，不止因她容颜倾城，还因为她才情出众。花蕊夫人曾仿中唐诗人王建作《宫词》100多首。她长居宫中，对宫廷生活极为熟悉，对宫女的思想情趣了解得也更为深入。她在宫词中记录自己悠闲安逸的生活，描写宫女赏花、采莲、射猎、打秋千、斗草、扑蜻蜓的生活乐趣，也毫不忌讳地透露她们的痛苦与忧思，内容极其丰富。其大部分宫词都写得生动欢快，流丽清新，因此，她的《宫词》的艺术魅力是在王建之上的：

三月樱桃乍熟时，内人相引看红枝。
回头索取黄金弹，绕树藏身打雀儿。

龙池九曲远相通，杨柳丝牵两岸风。
长似江南好风景，画船来去碧波中。

立春日进内园花，红蕊轻轻嫩浅霞。
跪到玉阶犹带露，一时宣赐与宫娃。

三面宫城尽夹墙，苑中池水白茫茫。
直从狮子门前入，旋见亭台绕岸傍。

离宫别院绕宫城，金版轻敲合凤笙。
夜夜月明花树底，傍池长有按歌声。

殿前排宴赏花开，宫女侵晨探几回。
斜望花开遥举袖，传声宣唤近臣来。

供奉头筹不敢争，上棚等唤近臣名。

内人酌酒才宣赐，马上齐呼万岁声。

殿前宫女总纤腰，初学乘骑怯又娇。

上得马来才欲走，几回抛鞚抱鞍桥。

自教宫娥学打球，玉鞍初跨柳腰柔。

上棚知是官家认，遍遍长赢第一筹。

内家追逐采莲时，惊起沙鸥两岸飞。

兰棹把来齐拍水，并船相斗湿罗衣。

清代陆昶在《历代名媛诗词》中称赞她："所作宫词清新俊雅，具有才思，想其风致，自是一出色女子。"

花蕊夫人对烹饪之事也是精通，且心思玲珑。相传，她曾用红姜煮白羊头，以石头镇压，以酒腌之，然后切得如纸片一般薄，风味无穷，称为"绯羊首"。她又将薯药切片，莲粉拌匀，加用五味，清香扑鼻，味酥而脆，又洁白如银，望之如月，称为"月一盘"。

一日，孟昶与花蕊夫人在水晶殿里对饮，四下无人，夜色撩人，凉风阵阵，二人并肩仰望天空，只见星光闪烁，整个世界仿佛只有他与她。如此良辰美景，孟昶执着美人素手，忽有感触，于是取过纸笔，一挥而就。原诗是这样的：

冰清玉骨凉无汗，水殿风来暗香满。

一点明月夜窥人，倚枕钗横云鬓乱。

携手庭户静无声,时见疏星渡河汉。

屈指西风几时来,不道流年暗中换。

　　美人冰肌玉骨,自水殿中款款而来,风吹香涌,明月照人。孟昶半夜醒来,见酣睡身侧的美人云鬓虽乱,宝钗虽横,仍楚楚动人。睡醒之后,两人一起携手到殿外去看疏星几点。看看西风又起,原来又是一年了。爱人在侧,心满意足,只愿岁月静好。

　　这首诗因笔触细腻温柔,又有人认为应是花蕊夫人所作。苏轼也曾把它改作为《洞仙歌》:

冰肌玉骨,自清凉无汗,水殿风来暗香满。绣帘开、一点明月窥人,人未寝、欹枕钗横鬓乱。

起来携素手,庭户无声,时见疏星渡河汉。试问夜如何,夜已三更,金波淡、玉绳低转。但屈指、西风几时来,又不道、流年暗中偷换。

　　但多情的帝王与倾城的美人神仙眷侣般的日子并未过太久,毕竟,凡世不是可以任意逍遥、为所欲为的仙境。孟昶荒淫,不理国事,后来后蜀被宋灭亡,孟昶与花蕊夫人被俘。

　　宋兵押送他们北行,途径葭萌驿,花蕊夫人满怀亡国之恨,又兼有背井离乡的恐惧与凄苦,在驿站墙壁上题了半首《采桑子》:

初离蜀道心将碎,离恨绵绵,春日如年,马上时时闻杜鹃。

　　还没题完,她就被宋兵催促着赶路,于是这首《采桑子》就成了残篇。后来有人经过驿站,提笔续道:"三千宫女如花面,妾最婵娟,此去朝天，只恐君王宠爱偏。"这续词庸俗不堪，完全偏离了花蕊夫人原词中的国恨乡思。

　　当时的人们纷纷把罪责归咎于花蕊夫人。宋太祖在花蕊夫人到了汴京之后单独召见她，只觉得她眉目如画，千娇百媚。宋太祖早就听说，花蕊夫人不仅艳冠群芳，还才华出众，就命她赋诗一首。花蕊夫人即席吟出那首著名的《述亡国诗》：

　　君王城上竖降旗，妾在深宫哪得知。
　　十四万人齐解甲，更无一个是男儿。

　　这首诗实际上并不是花蕊夫人原创的。五代何光远《鉴诫录》卷五云："故兴圣太子（李继岌）随军王承旨有《咏后主出降》诗曰：蜀朝昏主出降时，衔璧牵羊倒系旗。二十万军齐拱手，更无一个是男儿。"花蕊夫人因袭前人诗作，略改数字，以表自己心情，不卑不亢。这首诗历来为后世文人所激赏。薛雪在《一瓢诗话》里赞道："何等气魄！何等忠愤！当令普天下须眉，一时俯首。"

　　赵匡胤为花蕊夫人的才貌所惊，不仅没有杀她，还封她做了自己的妃子。花蕊夫人暗地里怀念孟昶，亲手画了他的像，无人时悄悄祭拜。不久，花蕊夫人卷入宋廷权力之争，在一次跟随赵匡胤打猎时，被赵光义，也就是后来的宋太宗乱中一箭射死。

举棹云先到，
移舟月逐行

海印

海印，是唐朝末年西蜀（今四川）慈光寺的一名尼姑。海印从小才思清逸，爱好吟诗。要是偶然看到前人所作的一诗半句，她总要吟弄好半天，反复琢磨。如此潜心好学，她很快成为了一名小才女。后来，海印向慕佛法，钻研禅趣哲理，心思也越来越清寂宁静。

唐朝末年，天下大乱，民不聊生，百姓生活得非常痛苦。海印心地慈悲，身处乱世，眼看生灵涂炭，深感迷茫痛苦，于是索性发下大愿，削发为尼，遁入空门，从此与青灯古佛为伴。她希望在佛法之中找到精神的寄托，求得灵魂的圆满超脱，以逃离现实的痛苦悲伤。

自从出家以后，海印住在西蜀慈光寺里。寺庙与世隔绝，古庙森森，海印潜心向佛，修身养性，过着她所向往的空灵宁静的生活。虽然生活清苦，但心灵平静，这正是她想要的。

佛门生活清静，除了诵读佛经之外，她仍然爱好诗文，手不释卷，吟咏不绝，佳作迭出，是当时著名的诗尼。

　　有一次,海印有事,乘船外出。船行水上,风飘飘以吹衣。天色渐晚,海印独自站在船头,见水天墨蓝,浑然一色,风声里夹杂着浪声,听着只觉得心中清明宁静。她身边的旅客彼此聊天,都在诉说着自己的乡思愁绪。细语呢喃,给她一种莫名的安心。

　　海印低头看着水面,月亮和云朵倒映在水中,似乎在追逐着船桨,天上一轮明月,水中一轮水月,交相辉映,清亮纯澈,空灵晶莹。她不由得涌起灵感,正要吟咏诗句,忽然看见了一抹远山。是快到了吗?于是,她随口吟成一首五言律诗:

　　水色连天色,风声益浪声。

　　旅人归思苦,渔叟梦魂惊。

　　举棹云先到,移舟月逐行。

　　旋吟诗句罢,犹见远山横。

　　这首名叫《舟夜》的诗,后来广为流传。然而,她吟咏的一些其他诗作,由于种种原因,早就湮灭不存,没有能够流传下来。

何事政清如水镜，
绊他野鹤向深笼

黄崇嘏

黄崇嘏，临邛（今四川省邛崃市）人，她的父亲曾在蜀中任使君，使君是州郡长官的尊称。黄父对女儿颇为疼爱，黄崇嘏自幼受到了良好的教育，因此工诗善文，琴棋书画无一不精。

12岁那年，黄崇嘏的父母双双亡故，家境一落千丈，幸好家中还有个老保姆，黄崇嘏便与老保姆相依为命。待到长大成年后，黄崇嘏便女扮男装，四处游历，以养家糊口。

唐僖宗光启四年（888），临邛县发生了一场火灾，黄崇嘏被诬陷为纵火人，被抓下狱。黄崇嘏并不像一般人那样惊慌失措，而是冷静地在狱中写了一首诗向知州周庠辩冤：

偶离幽隐住临邛，行止坚贞比涧松。

何事政清如水镜，绊他野鹤向深笼。

诗中之意，在于阐明长年隐居的自己品质高洁、行为坚贞，好比山涧中的青松，县中长官清明如镜，不应该为难自己，胡乱抓人。周庠读完诗，不由得拍案叫好，又见是一手流丽轻圆的字，于是召见了她，并称她是乡贡进士。

周庠见到黄崇嘏，只见她年龄不大，长相清俊，举止有礼。周庠向她提了几个问题，黄崇嘏回答时有条不紊，详细敏捷。周庠不禁暗暗称奇，起了惜才之心，于是下令释放她。

几天后，黄崇嘏又献上一首轻妙优美的诗歌。周庠大加赞赏，认为她非同一般，于是把她召入学院，与各位读书的子侄为伴。

在学院里，黄崇嘏也极为突出，她擅长下棋和弹琴，精于书画。后来，她被推荐代理司户参军。因黄崇嘏办事认真负责，小官吏对她很是尊敬，而她经手的案牍文书也是书写漂亮清楚，工作十分出色。

周庠对她的聪慧和风采都是极为欣赏。她在任一年后，周庠就想把女儿嫁给她。对于一般官吏来说，能娶到长官的女儿，真是求之不得的美事，黄崇嘏却面有难色。

周庠感到奇怪极了，自己的家世不消说了，女儿也是貌美过人。自己赏识这个年轻人，难道年轻人自我膨胀，不识抬举？正疑惑间，他收到了黄崇嘏呈上来的一封辞谢信，信中是一首诗：

> 一辞拾翠碧江湄，贫守蓬茅但赋诗。
> 自服蓝衫居郡掾，永抛鸾镜画蛾眉。
> 立身卓尔青松操，挺志铿然白璧姿。
> 幕府若容为坦腹，愿天速变作男儿。

在诗中，黄崇嘏介绍了自己的来历，并用王羲之"坦腹"的典故，作为对周庠招婿的回应。她感谢周庠的好意,表示当然愿意做他的女婿,但是得要老天愿意快些将她变成男儿身才行。

周庠看完诗,大吃一惊,赶紧召见了黄崇嘏,盘问她。原来她是黄使君的女儿,从小失去父母,只和老保姆一起居住,一直没有嫁人。

周庠更加欣赏她的坚毅与贞洁,并未因此免去她的官职,而是更加礼遇有加。郡内官民知道这件事之后,全都赞叹她的与众不同。但身份泄露,毕竟有诸多不便,黄崇嘏不久便请求免官,周庠虽然爱才,但也无可奈何,只好准了她的辞呈。

黄崇嘏独自一人回了临邛旧居,和老保姆相依为命,过着与世无争的平淡生活,后来再没有人听到她的消息。

周庠后来在五代前蜀政权中官至宰相,尤对此事念念不忘,感叹不已,多与人说。文人金利用听闻之后,将之记入《玉溪编事》。后来金利用的书也失传了,但《太平广记》中引录了金书的佚文,黄崇嘏的故事就这么流传下来了。

黄崇嘏有个哥哥,才华平庸,屡试不第。她便代兄考试,竟高中状元,因此她又素有"女状元"之美称。明代杨慎笔记《丽情集》曾有记载:"王蜀女状元黄崇嘏,临邛人……传奇有女状元《春桃记》,盖黄事也。"明代徐渭也作有《女状元辞凰得凤》,戏中黄崇嘏当了状元,宰相周庠想要嫁女不成,就让自己的儿子考中状元后娶了黄崇嘏为妻,最后是大团圆结局。她也是后世黄梅戏《女驸马》的原型。

清人熊维芳《语话堂诗集》亦有诗赞黄崇嘏:

西山云气涌高岗,生长深闺姓字香。
千古才名高卓女,一官文篆遇周庠。
井溪素觅清心水,幕府空留坦腹床。
白璧无瑕姿皎皎,前生明月在池塘。

魏玩

红楼斜倚连溪曲，
楼前溪水凝寒玉

魏玩，字玉如，一作玉汝，邓城（今湖北省襄阳市）人。魏玩出身大家，是宋代著名文史学家、诗论家魏泰的姐姐。后为宋朝代宰相曾布的夫人，因夫贵初封瀛国夫人，后封鲁国夫人，因此史称魏夫人。曾布也是书香大家出身，他的哥哥便是唐宋八大家之一的曾巩。熙宁年间（1068—1077），曾巩任职洪州，曾布调任潭州，路过洪州，而曾肇又恰来洪州探亲，三兄弟都是进士，又在洪州聚会，欣喜之情无法言表，魏夫人当即题写一联："金马并游三学士，朱幡相对两诸侯。"

魏玩比李清照约年长半个世纪。魏玩在词坛上的横空出世，打破了男词代言女子心声的局面，使世人看到了真正的女子心声。欧阳炯在第一部文人词集《花间集》序中曾讲过作词的环境和动机："则有绮筵公子，绣幌佳人，递叶叶之花笺，文抽丽锦；举纤纤之玉指，拍按香檀。不无清绝之词，用助妖娆之态。自南朝之宫体，扇北里之倡风。"男子作脂粉气浓郁的婉约小词，模拟女子的神情心理，带着香艳气息，与真正的女子心境与审美心理终究隔了一层，女性自己所作的词，却大多清新宛然，和谐柔美，毫不矫揉造作。她们的审美风格纯净雅致，并不同于男性作闺音的浓艳绮丽。

魏玩堪称女子词史和婉约词的开创者，原著《魏夫人集》已散失。其留存于世的作品只有 14 首词。但留存的这 14 首词也足以让人看到魏玩非凡的才气。她也写过很多诗，但如今只有一首诗及几章残句留存。据邓红梅《女性词史》载，她是北宋作词最多的女性，也是女性词史上第一位传词最多的女作者。从某种意义上来说，她是女性词开始具有自我性征的第一个作家。

她是贵族夫人，自小娇生惯养，出嫁后锦衣玉食，生活优裕，夫妻恩爱，算得上圆满幸福。唯一的不足大概就是丈夫长期奔波于仕途，夫妇俩经历着长久的别离。她很多时候都是独守空房，抛却不少相思泪。因此，她的词作多是抒发自己的闺怨离愁。不过，她虽然写词众多，却并未把写诗作词作为自己的自觉追求，只是自抒怀抱而已。

她写过一首《系裙腰》，抒发了对丈夫既怨恨又思念的复杂感情：

灯花耿耿漏迟迟。人别后，夜凉时。西风潇洒梦初回。谁念我，就单枕，皱双眉。

锦屏绣幌与秋期。肠欲断，泪偷垂。月明还到小窗西。我恨你，我忆你，你争知。

她深深地思念丈夫，由爱生恨，由恨生怨，而由怨又回归到爱。她和丈夫感情融洽，心心相印，因此这相思之苦就愈发难熬。她柔肠寸断，粉泪偷垂，字字句句，都是发自于内心的相思之情。而词作最后"我恨你，我忆你，你争知"直抒胸臆，突破了"温柔敦厚，怨而不怨"的诗教传统，显得十分大胆和痛快。

魏玩还作有一首《卷珠帘》，首先是回忆过去和夫君一起赏花的愉悦快乐，然后回到独守空房寂寞忧愁的现实中，对比强烈，很有艺术感染力：

记得来时春未暮，执手攀花，袖染花梢露。暗卜春心共花语，争寻双朵争先去。

多情因甚相辜负，轻拆轻离，欲向谁分诉。泪湿海棠花枝处，东君空把奴分付。

魏玩还有一首《点绛唇》，写的也是离愁，但是意象清新，如"画船明月""淡烟疏柳"等，给人以美的享受：

波上清风，画船明月人归后。渐消残酒，独自凭阑久。
聚散匆匆，此恨年年有。重回首，淡烟疏柳，隐隐芜城漏。

她在词中开解自己"聚散匆匆，此恨年年有"，但仍然忍不住浮起淡淡的忧伤怅惘。和她的前两首词作比起来，这首显得更为含蓄蕴藉。

魏玩作过一首《菩萨蛮》，一改幽怨缠绵之态，清拔秀逸，颇有民歌的清新风范：

红楼斜倚连溪曲，楼前溪水凝寒玉。荡漾木兰船，船中人少年。
荷花娇欲语，笑入鸳鸯浦。波上暝烟低，菱歌月下归。

魏玩还曾作过一首咏史诗《虞美人》，以项羽、虞姬的故事为题材，这也是她唯一一首传世之诗，保存在明代钟惺所编的《名媛诗归》之中：

鸿门玉斗纷如雪，十万降兵夜流血。

咸阳宫殿三月红，霸业已随烟烬灭。

刚强必死仁义王，阴陵失道非天亡。

英雄本学万人敌，何用屑屑悲红妆。

三军败尽旌旗倒，玉帐佳人坐中老。

香魂夜逐剑光飞，清血化为原上草。

芳心寂寞寄寒枝，旧曲闻来似敛眉。

哀怨徘徊愁不语，恰如初听楚歌时。

滔滔逝水流今古，楚汉兴亡两丘土。

当年遗事总成空，慷慨尊前为谁舞。

　　魏玩收过一个女徒弟，是一位张姓监酒使臣的女儿。魏玩遇见那女孩儿时，女孩才六七岁年纪，伶俐可爱，慧黠异常。魏玩非常喜欢她，便教她读诗书。女孩子一点即透，进步很快，成为了她的衣钵传人。

　　后来这女孩儿被选入宫中，颇善笔札，精明能干，掌命令之出入，成为了一名出色的女官。魏玩逝世时，女孩儿很悲恸，作下《哭魏夫人》诗以悼念：

香散帘帏寂，尘生翰墨闲。

空传三壶誉，无复内朝班。

　　可惜这位张姓才女的传世之诗只有这么1首。

　　宋代理学大师朱熹评论道："本朝妇人能文者，唯魏夫人、李易安二人而已。"明朝杨慎在《词品》中说："李易安、魏夫人，使在衣冠之列，当与秦观、黄庭坚争雄，不徒擅名于闺阁也。"

还同薄命增惆怅，
万转千回不自由

温琬

温琬，北宋女诗人，字仲圭，本良家子，姓郝，小名室奴。仁宗至和二年(1055)，温琬生于璧山县城(今重庆市璧山区)一个平民家庭。她周岁时父亲郝逵病亡，留下孤儿寡母。母亲无法养活女儿，便由璧山迁徙至陕西，把温琬寄养于凤翔妹妹家，自己以做娼妓为生。

温琬因此在姨母家长大。姨母见她聪明伶俐，灵慧异常，对她用心教育。温琬6岁开始学习诗书，小小年纪的女孩儿居然特别有学习的劲头，可以为了学习彻夜不睡，日诵千言。她也喜好书法，落笔并没有妇人的柔弱之态，笔锋遒浑有格。

她娴静温柔，不好嬉戏，唯爱读书。她幼时穿上男子衣袍去求学，同学和她同窗几年，不知道她竟然是女子。到了15岁，温琬的书法已成气候，"善翰墨"，不少人慕名前来求她的书墨。温琬落落大方，在纸上一挥而就，得之者如获至宝，珍重捧去。

温琬善谈《孟子》，不仅能明了其义理，还能暗暗背诵，不漏一字。

只要有人举出孟子的一句话,温琬则应声而答这一篇是在哪一版哪一页上,其博闻强记如此。她还著下《孟子解义》8卷,"辞理优当",但她秘密收藏了这部作品,并未出示给其他人看。温琬还尽释九经、十二史、诸子百家及两汉以来文章议论、天文、兵法、阴阳、释道之要。时人认为她的渊博学识远超宿学之士。

姨父姨母见她如此聪明,才华惊人,很是忧虑,恐怕她会通晓时事,生出异志,于是没收了她的书籍,只许她专事女红。但温琬已经沉迷于诗书之中不可自拔,仍然偷偷日夜默默记诵诗词。

她勤于女红,温和柔顺,孝敬长辈,与亲友相处和睦,很让人怜爱。等她长到了14岁,姨父姨母就张罗着给温琬寻一门好亲事。得知消息后,上门求亲者络绎不绝。姨父姨母再三考虑,决定把温琬许配给一户姓张人家的儿子。

恰在此时,温琬的母亲从河南赶来,要接她回去。温琬不肯,母亲便告到官府之中。姨父姨母不得已解除了温琬与张家儿子的婚约。温琬非常悲痛,但仍然不得不跟随母亲回到了河南,寓居郡府,侍奉母亲。

温琬并无兄弟,回到河南之后,食不饱腹,衣不足暖,又见群妓浓妆艳抹,卖弄风骚,感到非常不适。她虽然不愿为娼妓,但见母亲年老,无人侍养,不得已还是走上了这一条路,最终卖身为娼。

为此,她感到十分痛苦,却又无可奈何。她叹道:"娼者固冗艺之妓也,有不得已而流为此业,所以藉赖金钱,活其生养其亲而已矣。"

自从为娼之后,温琬始终郁郁不乐,终日沉坐,静读诗书。她虽然学识渊博,善于书法,长于论辩,但不喜作诗。很快,温琬特立独行的才女名气便传开了。太守张靖听闻了有这么一个博学的女子,特地找到她。交谈之后,太守很爱惜她的才华,对她说:"歌诗,人所致难,故君子莫不有作。尔既读书,不学诗,何以留名?"温琬听取了他的建议,开始学习写诗。

有一天，温琬拜见太守，告诉他自己已经在学诗了，太守当即便出题命她作诗，她援笔而就，写了一首《席上赋太守流杯》：

绕坐水分山下润，盈瓶酒泛桂中浆。

棠郊不是淹留地，紫诏行飞且引觞。

太守看得频频点头，大为称赞。从此，温琬开始与当地名士进行唱和，她的名气更大了。她的酬唱之作很多，但现在仅留存两首，一首写雪月，一首写园林：

雪夜观月

天寒雪夜相辉映，此夕家家尽玉堂。

梅老不收千里艳，桂新推出一轮香。

诗心挨晓吟晴景，木冻摇风拂冷光。

天上人间都作白，余辉思借读书房。

和刘景初园亭

养恬高士厌尘笼，一簇林亭气郁丛。

继日管弦皆雅丽，满城车马尽交通。

小舟轻泛泉飞碧，秀木横空叶堕红。

闻说留题诗版处，愧将狂斐厕名公。

温琬此时所作的诗大多是席上赠答之作，多警句，人争传诵，声誉很高。士人相聚而言曰："从游蓬岛宴桃溪，不如一见温仲圭。"连当时的宰相司马光见了都称赞不已，太守张靖赠温琬诗云："桂枝若许佳人折,应作甘棠女状元。"认为如果科举允许女子应试的话,温琬一定能考中女状元。

温琬特别喜欢唐代诗仙李白和诗圣杜甫的诗,她作诗也很勤奋,很快便写了500篇诗章,并把这些诗章整理好,编成一本诗集。不幸的是,这本凝聚了她的才思与心血的诗集竟为好事者窃去。后来温琬又吟诗百首,可惜这些诗歌都并未传世。现在仅有30首留存于世。

时光荏苒,温琬对娼妓生活越来越厌恶。某一日,她忽然下了决心,更换了衣服,乘着一头驴子,匆匆忙忙逃往凤翔。温琬身为官妓,无人身自由,不能擅自离去,因此她刚到潼关,太守已下令追捕她,她巧妙地摆脱了关吏,逃回了姨父姨母家里。

姨母对她疼爱至极,见她回来,喜之不尽,赶紧收留了她。温琬以为自己可以从噩梦中摆脱出来,恢复之前恬柔宁静的生活。却没想到此事被人泄漏,太守得知后,大为生气,派人把温琬抓了回去。

回来之后,太守质问温琬:"何故而去?"温琬道:"以非公,私故而去。"于是向太守诉说了自己不愿为娼的苦衷。太守的怒气消散,非常同情她,于是自己出钱给温琬赎身。温琬终于自由了。

温琬此时写下了一首《香篆》,诉说了身为官妓不得自由的苦楚:

> 一缕祥烟绮席浮,瑞香浓腻绕贤侯。
>
> 还同薄命增惆怅,万转千回不自由。

温琬自由之后,希望能嫁人。但是太守因赏识她的才华,不舍她离去,因此她在河南又停留了一段时间,直到太守卸任,温琬才请求离开,和母亲迁往京师。从此,她开始了全新的生活,终于感到了真正的自由舒畅。

后来温琬认识了太原的一位姓王的书生，两人陷入热恋。但王生投笔从戎，与温琬离别，一去之后杳无音讯。温琬感到极为孤独，写下《述怀寄人》：

分手长亭后，音书更杳闻。
离愁应似我，况味不如君。
玉管宁无恨？兰苁别有薰。
攀思共明月，心绪正纷纭。

冬日里万木凋零，她独自凭楼想念情郎，心中凄苦忧郁，作下《初冬有寄》：

万木凋零苦，楼高独凭栏。
绣帏良夜永，谁念怯轻寒。

温琬殷殷期盼着王生的归来，但是她又一次失望了，噩耗传来，王生战死沙场，温琬悲痛欲绝。她从此再也没有遇见合心意的男子，就此寂寞一人，孤独终老。

李清照

帘卷西风，
人比黄花瘦

李清照号易安居士，齐州章丘（今山东省济南市章丘区）人。她出身名门，父亲李格非进士出身，官至礼部员外郎，还是著名文学家苏轼的学生，为苏门"后四学士"之一。李清照的生母与继母也都是名门之后。

在这样开明宽松的环境里长大，李清照才华横溢、灵心慧智自不待说，还拥有了当时女子难以拥有的率真自然、大方爽朗的性格，以及极为广博的兴趣与专长。

她喜欢饮酒，喜欢赏花，还喜欢"打马"。"打马"是古代一种博输赢的棋艺游戏，李清照著有《〈打马图经〉序》。在序中，她骄傲和自信地说："慧则通，通则无所不达；专则精，精则无所不妙。"她还对金石书画等古代文物充满了好奇与研究的兴趣。她不仅极擅长作词，还著有一篇系统讨论词的创作规范的《词论》。这是古代第一篇系统的词学专论，对自唐至宋的数百年词史发展流程作了全面深细的梳理，且提出自己对词"别是一家"本质内涵的体认。《词论》在理论阐发所达到的高度,代表了那个时代的最高水平,她可以当之无愧地被称为"词学家"。因此,李清照被认为是"千古第一才女",古代所有才女之中最为杰出的一位。

《如梦令》据说是李清照16岁时所写,也有说法是她年老之后回忆青春时所写,词中满是轻巧灵俏之意,可见她年少时光的确过得惬意无忧:

常记溪亭日暮,沉醉不知归路。兴尽晚回舟,误入藕花深处。争渡,争渡,惊起一滩鸥鹭。

她曾写下一首甜蜜柔美的《点绛唇》,是她最著名的作品之一:

蹴罢秋千,起来慵整纤纤手。露浓花瘦,薄汗轻衣透。
见客入来,袜划金钗溜,和羞走。倚门回首,却把青梅嗅。

活泼娇憨的少女,刚刚玩罢秋千,活动一下酸麻的双手,薄汗微湿衣,如同露水打湿了花朵。忽然看见有陌生少年进来,吓得赶紧溜走,慌乱中划破了罗袜,掉落了金钗,却又忍不住在门边回首,装作嗅青梅的样子,悄悄地打量着那个俊秀少年。

也许这是李清照和夫君赵明诚的第一次见面。一见之下,怦然心动,悄然欢喜,两人就此缘定终生。18岁时,李清照与21岁的赵明诚结婚了。

赵明诚的父亲赵挺之,当时是吏部侍郎,后来升至宰相的高位。赵明诚虽然是"高干子弟",但并不是个不学无术的公子哥儿,他底蕴修养也相当之高，还有个很有品位的爱好：文物收藏。婚后，他们十分投缘，达到了"夫妻擅朋友之胜"的理想境界。每个月的初一和十五，赵明诚还会带着她到相国寺游玩，捧着淘到的金石古玩和一大堆零食回来，一边玩着器具，一边吃着带回来的零食。琴瑟和谐，夫唱妇随。

她写了很多词来记录她的幸福，那样清新灵动，那样甜蜜快活，毫不忌讳地展现自己的心情，如《浣溪沙》：

　　绣面芙蓉一笑开，斜飞宝鸭衬香腮。眼波才动被人猜。
　　一面风情深有韵，半笺娇恨寄幽怀。月移花影约重来。

少女微笑着的娇美面庞宛如出水芙蓉，明艳不可方物；她把用宝石镶嵌的飞鸭状头饰斜插鬓边，美目盼兮，秋波流转，如此清澈明亮，涌动着生命最初悸动的喜悦和怕人发现自己秘密的微妙与羞涩。她思念心上人，相思娟娟入骨。等待着的甜蜜与期盼着的喜悦交织着，她终于忍不住展开半张素笺，将满怀的思念与幽怨诉于笔端。这首词写得极为婉约旖旎，满是梦幻和憧憬，充满了青春的活力与旖旎的想象。

又如这首《减字木兰花》：

　　卖花担上，买得一枝春欲放。泪染轻匀，犹带彤霞晓露痕。
　　怕郎猜道，奴面不如花面好。云鬓斜簪，徒要教郎比并看。

花儿太美了，新嫁娘也不禁起了好胜之心，于是，将花儿斜斜簪在鬓发上，撒娇让新郎看，评评人与花哪一个更美。"云鬓斜簪"，花面相映，该是如何妩媚清新？赵明诚此时当是心神俱醉吧。新婚妻子嫣然一笑，如美玉生晕，若异花初胎，似新雪堆树，她美得如此震撼，静静伫立在那里，小鹿般乌亮的眸子顾盼流转，他的心灵一下子冰清玉净。天地间，除了她，还是她。

此时的李清照，她的心里满溢着甜美而洁净的芬芳。她爱着他，他也爱着她，而他们又那么年轻。这真是最幸福的事情。

赵挺之后来被罢官，赵明诚也无官可做，李清照于是陪丈夫到山东青州隐居，这一去就是10年。这10年，也是他们生命中最为安逸幸福的10年。在这10年里，他们一起读书，切磋学问，共同撰写了考古巨著《金石录》。李清照在《〈金石录〉后序》中提及这段生活："后屏居乡里十年，仰取俯拾，衣食有余。连守两郡，竭其俸入，以事铅椠。每获一书，即同共勘校，整集签题。得书、画、彝、鼎，亦摩玩舒卷，指摘疵病，夜尽一烛为率。"又道："余性偏强记，每饭罢，坐归来堂烹茶，指堆积书史，言某事在某书某卷，第几页第几行，以中否角胜负，为饮茶先后。"李清照记忆力极强，茶余饭后，夫妻俩比赛，说某事在某卷书第几页的第几行，如果中了，就可以先饮茶。常常是李清照获胜，她因为太开心了，总是举杯大笑，弄得茶倾怀中。"赌书泼茶"也成为流传至今的千古佳话。

他们把青州的书房称作"归来室"，称内室为"易安室"，李清照的号"易安居士"，也是由此而来。赵明诚在李清照31岁生日时还为她画了一幅小像，是为《易安居士画像》，并题道："易安居士三十一岁之照。清丽其词，端庄其品，归去来兮，真堪偕隐。政和甲午新秋，德父题于归来堂。""清丽其词，端庄其品"这八字评语极妥，暗藏温柔，可见明诚对清照之爱意。

有一次，赵明诚外出未归，李清照一人独守闺房。重阳节到了，她思念远方的丈夫，就填了首《醉花阴》：

薄雾浓云愁永昼，瑞脑销金兽。佳节又重阳，玉枕纱橱，半夜凉初透。

东篱把酒黄昏后，有暗香盈袖。莫道不销魂，帘卷西风，人比黄花瘦。

赵明诚看到妻子寄给他的这首词作，不禁叹服，于是闭门作词，专心做了几十首，和李清照的混在一起，让朋友选出佳句。朋友玩味再三，说："只有三句绝佳。"赵明诚一看："莫道不消魂，帘卷西风，人比黄花瘦。"正是李清照所写。他从此越发对妻子心悦诚服。

北宋靖康二年（1127），北方金国攻破了汴京，徽宗、钦宗父子被俘，徽宗的第九个儿子、钦宗的弟弟康王赵构于同年5月，在应天府登基，由此开始了南宋朝廷的统治，赵构也就是宋高宗。这个时候金兵还在后面追赶，宋高宗就带着大臣一路南逃，李清照和丈夫也跟随着一路南行，多年搜集来的金石字画都在逃亡的过程中散失了。路上赵明诚接到朝廷要重新起用他为湖州知府的圣旨，于是两人分离，不料这一分离便成为了永别。

不久，赵明诚在去建康（今南京）报到的路上病死了。快要50岁的李清照得知这一消息，痛不欲生。国破家亡，身世飘零，此时的李清照凄清寂寞，正如一只离群的孤雁。她无语凝噎，临泪研墨，写下了一首《孤雁儿》：

藤床纸帐朝眠起，说不尽、无佳思。沉香断续玉炉寒，伴我情怀如水。笛里三弄，梅心惊破，多少春情意。

小风疏雨萧萧地，又催下、千行泪。吹箫人去玉楼空，肠断与谁同倚？一枝折得，人间天上，没个人堪寄。

　　词前有几句小序，是这样写的："世人作梅词，下笔便俗。予试作一篇，乃知前言不妄耳。"她说，世人写咏梅的词太多了，但是写得好的不多，大多一下笔便落俗套。我也试着填了一首，才知道前面说的不是假话。"一枝折得，人间天上，没个人堪寄。"可是今天折下梅花，找遍人间天上，四望茫茫，没有一人可供寄赠。言已尽，悲凉之意却绵绵不绝。

　　不久，她又写下一首《武陵春》：

　　风住尘香花已尽，日晚倦梳头。物是人非事事休，欲语泪先流。
　　闻说双溪春尚好，也拟泛轻舟。只恐双溪舴艋舟，载不动，许多愁。

　　赵明诚去世之后，李清照就孤身一人流落江南，颠沛流离，身体越来越虚弱。南宋绍兴二年（1132），她来到杭州，认识了张汝州。张汝州花言巧语，对她百般示好。李清照无依无靠，一念之差，嫁给了张汝州。结婚之后，李清照才发现，张汝州其实只是贪图她的钱财与收藏，对她"日加殴击"，于是愤而离婚。

　　但按照宋朝的法律，女人如要求离婚，即使丈夫有罪，诉讼成功了，女人也得坐两年牢。尽管离婚要面临牢狱之灾，但她在所不惜，只求活得无愧于心，如此刚烈。这场错误的婚姻仅仅持续了3个多月。幸好，家人设法营救，李清照仅仅在监狱待了9天，便被释放。

　　经此大难，她已经无家可归，于是住在弟弟家中。她仍是坚持写她所钟爱的词，艺术技巧越发炉火纯青。她在一个凄冷的秋夜，写下了一首《声声慢》：

寻寻觅觅，冷冷清清，凄凄惨惨戚戚。乍暖还寒时候，最难将息。三杯两盏淡酒，怎敌他、晚来风急？雁过也，正伤心，却是旧时相识。

满地黄花堆积，憔悴损，如今有谁堪摘？守着窗儿，独自怎生得黑！梧桐更兼细雨，到黄昏、点点滴滴。这次第，怎一个愁字了得！

张端义于《贵耳集》中赞曰："此乃公孙大娘舞剑手，本朝非无能词之士，未曾有一下十四叠字者，用《文选》诸赋格。后叠又云'梧桐更兼细雨，到黄昏点点滴滴'，又使叠字，俱无斧凿痕。更有一奇字云'守着窗儿，独自怎生得黑？''黑'字不许第二人押。妇人有此文笔，殆间气也。"

清代张潮《幽梦影》说："所谓美人者，以花为貌，以鸟为声，以月为神，以柳为态，以玉为骨，以冰雪为肤，以秋水为姿，以诗词为心，以翰墨为香，吾无间然矣。"李清照，就是这样才貌双全的美人。有人赞她是"乱世中的美神"，一点不为过。

月上柳梢头，
人约黄昏后

朱淑真

　　宋朝以词名世的女词人不少，但有词集传世的，仅有两宋之交的李清照和南宋的张玉娘、朱淑真。

　　朱淑真，自号幽栖居士，南宋宁宗及理宗间人，祖籍安徽休宁，后移居杭州。她出生在一个富裕之家，父母疼爱，悉心培养她。她又聪明灵慧，多才敏思，很快就学会了诗文书画琴五艺。明代画家杜琼在朱淑真的《梅竹图》上曾题道："观其笔意词语皆清婉……诚闺中之秀，女流之杰者也。"明代另一画家沈周在《石田集·题朱淑真画竹》中说："绣阁新编写断肠，更分残墨写潇湘。"

　　在她的作品集《断肠集》中有诗337首、词32首、文1篇。陈文焯《词坛丛话》中说："朱淑真词，风致之佳，情词之妙，真不亚于易安。宋妇人能诗词者不少，易安为冠，次则朱淑真，次则魏夫人。"认为她的文才在魏夫人之上，仅次于李清照。《历朝名媛诗词》中也评论她："才色清丽，罕有比者。"

少女时代的朱淑真,活泼开朗,极具浪漫情怀。她拥有过富家少女惬意安宁的时光,她家中有东西两处小园,她常在园中赏花、逗鸟、看书、作画。她曾作下一首《即景》:

竹摇清影罩幽窗,两两时禽噪夕阳。
谢却海棠飞尽絮,困人天气日初长。

诗中写的是夏日,竹子轻摇,影子笼罩在小窗上,让人备觉清凉。夕阳正在落下,成双成对的鸟儿正在鸣叫。海棠已经谢了,昔日纷飞的柳絮也不见了。白天显得格外漫长,让人困倦。诗中透出慵懒恬静的意味。

闺中生活,对于朱淑真来说,是安宁静谧却又百无聊赖的。她天性渴望自由,经常去西湖边泛舟游玩。《游湖归晚》这首诗,写的就是她一次愉快的出游:

恋恋西湖景,山头带夕阳。
归禽翻竹露,落果响芹塘。
叶倚风中静,鱼游水底凉。
半亭明月色,荷气恼人香。

少女朱淑真还有着一群同样通诗文的女友,她曾邀请女友们一起围炉夜话,唱词赏诗,并作下《围炉》一诗:

围坐红炉唱小词,旋篘新酒赏新诗。
大家莫惜今宵醉,一别参差又几时。

即使是雪夜里，朱淑真也兴致颇高，她看到一树梅花在雪中灼灼生姿，皎皎月光下尤觉得清澈洁净，忍不住小酌一杯，吟下一首《雪夜对月赋诗》：

一树梅花雪月间，梅清月皎雪光寒。

看来表里俱清彻，酌酒吟诗兴尽宽。

年少天真之时，她曾经期待自己能够有一番作为，曾作下《春日亭上观鱼》：

春暖长江水正清，洋洋得意漾波生。

非无欲透龙门志，只待新雷震一声。

实际上，作为女子，她虽然满腹诗书，却不能像男子一般去求取功名，无法实现自己的人生价值。她只得把郁闷之情诉诸诗词，写下一首《春昼偶成》：

默默深闺昼掩关，简编盈案小窗寒。

却嗟流水琴中意，难向人前取次弹。

于是，她开始憧憬着爱情。她想象中的翩翩公子，眉清目秀，能写出"唯有两行低雁，倚画楼月"那样旖旎的句子。

初合双鬟学画眉，未知心事属他谁？

待将满抱中秋月，分付萧郎万首诗。

如果这个人终于借助一个偶然的契机来到她的面前,她当是眼波流转,低头微笑,瞬间沧海,一眼万年。这样的憧憬无疑是美好的,但是在婚姻由父母之命、媒妁之言决定的情况下,几乎是不可能实现的。

为了她心中的浪漫,朱淑真大胆地追求爱情,并的确有过一段刻骨铭心的初恋。她曾和那位男子一起共游西湖,并写下《清平乐·夏日游湖》,极是旖旎与开朗:

> 恼烟撩露,留我须臾住。携手藕花湖上路,一霎黄梅细雨。
> 娇痴不怕人猜,和衣睡到人怀。最是分携时候,归来懒傍妆台。

年轻的朱淑真活泼快乐,竟做出"娇痴不怕人猜,和衣睡到人怀"的惊世骇俗之举,当然会遭到当时封建卫道士们的攻击,斥责她"淫姑泆女","有失妇德"。

她还不顾世俗的反对,与他在上元佳节幽会。后来她写下了《生查子·元夕》,纪念这场没有结果的初恋:

> 去年元夜时,花市灯如昼。月上柳梢头,人约黄昏后。
> 今年元夜时,月与灯依旧。不见去年人,泪满春衫袖。

此词见载于《断肠词》,不过这首词在学界一直有争议,不知到底是朱淑真所作还是欧阳修所作。但是这首词,是无可争议的好词。尤其那句"月上柳梢头,人约黄昏后",宛转旖旎,风流无限。

她的父母得知她的恋情之后,大怒,不允许她再与那个心仪的男人来往。初恋就这样被扼杀了,朱淑真十分痛苦,她写了一首著名的《鹊桥仙·七夕》,寄托了对这场初恋的感受:

巧云妆晚，西风罢暑，小雨翻空月坠。牵牛织女几经秋，尚多少、离肠恨泪。

微凉入袂，幽欢生座，天上人间满意。何如暮暮与朝朝，更改却、年年岁岁。

她后来嫁给了一户门当户对的人家，丈夫是一个商人（"市井民家"），家境无忧，但她始终无法爱上那个人。而她丈夫也并不懂她、珍惜她。她柔肠寸断，写下了一首《阿那曲》：

梦回酒醒春愁怯，宝鸭烟销香未歇。薄衾无奈五更寒，杜鹃叫落西楼月。

凄凉冷清之意直透心头。

她想起曾经为初恋的爱人写过的美丽诗句，对比眼前之景，越发难过。那个名义上的丈夫，木讷呆笨，根本不懂得她那些千回百转的女儿心思，于是她又作《愁怀》，抒发自己的幽怨之情：

鸥鹭鸳鸯作一池，须知羽翼不相宜。

东君不与花为主，何似休生连理枝。

她越发思念那个曾经刻骨铭心爱过的人。但所能做的，只有把一腔愁绪，付诸诗词，如这首《减字木兰花·春怨》：

独行独坐，独唱独酬还独卧。伫立伤神，无奈轻寒着摸人。

此情谁见，泪洗残妆无一半。愁病相仍，剔尽寒灯梦不成。

爱情带来的快乐,只有一秒,而爱情所带来的忧愁与痛苦,却延续了整整一生。泪珠空抛,却再也无法和初恋相见,只有在梦中思量。最后,她与丈夫离异,抑郁而死。

朱淑真生前,身边似乎从来没有一个真正理解她、爱护她、欣赏她的人,丈夫是她痛苦的根源,初恋也最终分道扬镳,而至亲如父母,却也不是开明的人,对女儿更谈不上理解支持。她只有愁肠寸断,曾作《闷怀二首》:

黄昏院落雨潇潇,独对孤灯恨气高。
针线懒拈肠自断,梧桐叶叶剪风刀。

秋雨沉沉滴夜长,梦难成处转凄凉。
芭蕉叶上梧桐里,点点声声有断肠。

后来她的作品集便取名为《断肠集》。

她婚姻的不幸,父母认为是因为让她读多了书,移了性情所致,将所有的错误都怪罪在她身上,对她没有半分怜惜。朱淑真便作《自责》二首,慨叹"始知伶俐不如痴",全诗纯用反语,表达自己的激愤与抗议:

女子弄文诚可罪,那堪咏月更吟风。
磨穿铁砚非吾事,绣折金针却有功。

闷无消遣只看诗,不见诗中话别离。
添得情怀转萧索,始知伶俐不如痴。

　　她死后，她的书稿连同她的遗体被她的父母付之一炬。并且，父母也没给她立墓，而将她的骨灰抛弃在钱塘江水之中，以此作为对她"失贞"的惩戒。《断肠集序》中感叹："其死也，不能葬骨于地下。"

　　虽然这样，朱淑真的诗词却并没有全部湮没，父母烧毁诗稿之后，她所余下的"百不存一"的诗词作品，还是慢慢传播了出去。南宋淳熙九年(1182)，有一个名叫魏仲恭的人，极其欣赏朱淑真的才学，精心将朱淑真的残存作品辑录出版，并为之作序，记录下了这位才华卓绝却又命运堪怜的女子。序文开头说："比在武陵，见旅邸中好事者往往传诵朱淑真词，每窃听之，清新婉丽，蓄思含情，能道人意中事，岂泛泛所能及？未尝不一唱而三叹也！"

等闲老去年华促，
只有江梅伴幽独

孙道绚

孙道绚，北宋末南宋初时福建建安（今福建省建瓯市）人，号冲虚居士。她从小聪明伶俐，博闻强记，涉猎经史子集，作下很多诗词，是一个锦口绣心的才女。她的儿子黄铢也是一位词人，是朱熹的前辈和友人。

她曾作有一首《如梦令》，轻快活泼，似是少女时代的作品：

翠柏红蕉影乱。月上朱栏一半。风自碧空来，吹落歌珠一串。不见，不见，人被绣帘遮断。

她还有一首回忆自己少女时代春游时光的小词《忆少年》：

雨晴云敛，烟花淡荡，遥山凝碧。驱车问征路，赏春风南陌。
正雨后梨花幽艳白。悔匆匆、过了寒食。归家渐春暮，探酴醾消息。

　　孙道绚长大后嫁给了一位姓黄的男子。婚后她生下了一个儿子，取名黄铢。夫妻俩感情很好，但可惜未能白头偕老。过了几年，她的丈夫便逝世了，而此时她不过 30 岁。

　　她和丈夫相守 10 年，感情深厚，他一夕之间离她而去，令她肠断泪流。一日黄昏，她回想往事，种种恩爱犹如梦境，却都已成空。她悲不自胜，独自从黄昏一直徘徊到了深夜，直到月光满身。

　　她作下一首《醉思仙·寓居妙湛悼亡作此》，这也是她最为人称道的作品，其中融入了她深切真挚的个人感受与具有普遍性的人生悲哀，具有极强的感染力：

　　晚霞红，看山迷暮霭，烟暗孤松。动翩翩风袂，轻若惊鸿。心似鉴，鬓如云，弄清影，月明中。谩悲凉，岁冉冉，蓐华潜改衰容。

　　前事销凝久，十年光景匆匆。念云轩一梦，回首春空。彩凤远，玉箫寒，夜悄悄，恨无穷。叹黄尘久埋玉，断肠挥泪东风。

　　为了专心养育儿子，她没有再婚，守志以终。她作有一首《清平乐·雪》，显示出自己高洁的审美情趣，也表露了自己的孤寂之情：

　　悠悠扬扬，做尽轻模样。夜半萧萧窗外响，多在梅边竹上。
　　朱楼向晓帘开，六花片片飞来。无奈熏炉烟雾，腾腾扶上金钗。

　　在她的词中，雪花轻盈可爱，飘落在洁净坚韧的梅花和竹子上。雪花飞入室内，被热气所熏，化为水蒸气，萦绕在金钗上。

她还有一首《滴滴金·梅》，则是借景抒情，借物咏志，那孤独但雅洁的梅花，正是她自身的象征，用笔十分典雅：

月光飞入林前屋。风策策，度庭竹。夜半江城击柝声，动寒梢栖宿。

等闲老去年华促，只有江梅伴幽独。梦绕夷门旧家山，恨惊回难续。

在寂寞的岁月中，她也渐渐地老去了。幸好有几位老友，慰藉着她的心。她曾作有《忆秦娥·季温老友归樵阳，人来闲书，因以为寄》，表达了对朋友的深切思念，也透露了自己寡居的孤寂与痛苦：

秋寂寞，秋风夜雨伤离索。伤离索，老怀无奈，泪珠零落。

故人一去无期约，尺书忽寄西飞鹤。西飞鹤，故人何在，水村山郭。

她虽然著词甚富，但晚年家中遭遇了火灾，诗词全部毁去。她的儿子黄铢只得到处苦苦搜求，终于记录了几首流传甚广的作品，使得她的作品不至于全部湮灭。

不知织女萤窗下，
几度抛梭织得成

茜桃

茜桃姿容美丽，能诗词，有才干，是北宋真宗时宰相寇准的侍妾。

寇准是北宋名相，颇有政绩，但他生活奢侈，贪图享受，常常秉烛夜游，召集侍妾和歌姬们一同饮酒作乐。宋史记录"准少年富贵，性豪侈"。他年少得志，再加上风流不羁，自然挥霍无度。

寇准的侍妾茜桃却并非一味柔情绰态、媚于语言的美人，而是精明能干、很有主见的女子。她见寇准如此夜夜笙歌，沉迷于声色之中，不禁为他担忧，对他的这种行为颇觉不满。

有一次，寇准听一位歌女唱歌。歌女歌技高超，声音宛转，很是动听，寇准听得极其满意。他取了一个金杯独酌独饮，随着歌声不摇头晃脑，十分惬意。歌女唱毕，寇准又要歌女再唱几首，直到他尽兴为止。于是歌女柔曼歌声又响彻大厅。

歌女唱完之后，寇准送给歌女一匹绫绸。歌女接过绫绸，却还嫌弃寇准给得太少，面上露出不豫之色。侍妾茜桃在一旁把这一幕全部

瞧见了,当即便写下了两首绝句《呈寇公》:

> 一曲清歌一束绫,美人犹自意嫌轻。
> 不知织女萤窗下,几度抛梭织得成。

> 风劲衣单手屡呵,曲窗扎扎度寒梭。
> 腊天日短不盈尺,何似妖姬一曲歌。

茜桃认为,歌女只是唱了几首歌,便得到了高昂报酬,犹自嫌少。而织女辛苦织布,日夜不停,好容易才织出一匹绫绸,还比不上歌女轻松唱出的一首歌。她不禁慨叹社会不公,世道不平,贫富分配太不均。

寇准一向潇洒行事惯了的,没有想到茜桃居然如此大胆,敢出言责备。他当然不会赞同茜桃的观点,于是写诗为自己辩护。他挑出最为锋芒毕露的第二首,写下了针锋相对的和诗:

> 将相功名终若何? 不堪急景似奔梭。
> 人间万事君休问,且向樽前听艳歌。

寇准认为人生匆匆,将相功名皆如过眼烟云,不如及时行乐,乐在当下。就算为了一曲艳歌一掷千金也好,又何必责问? 但寇准也欣赏茜桃直言的勇气与作诗的才气,虽然没有听取她的建议,但也没有给予她任何处罚。

后来寇准被贬到岭南,途经杭州。茜桃陪他前去,结果旅途劳累,得了重病。茜桃自知时日无多,便对寇准说自己的病不会好了,如果她死了,请将她葬到杭州天竺山下。寇准惊讶且哀伤,不能相信年轻多才的爱妾就这么离自己而去。

茜桃不久就去世了,寇准按照她的遗嘱,将她葬在了天竺山下。

吴淑姬

可堪梅子酸时，扬花飞絮，

乱莺啼，吹将春去

吴淑姬，生卒年均不详，湖州（今属浙江省）人，约宋孝宗淳熙十二年（1185）前后在世。她是宋朝四大女词人之一，著有词集《阳春白雪词》5卷，但如今留存只有3首。《花庵词选》黄昇以为其词"佳处不减李易安"，又称她为"女流中之黠慧者"。

吴淑姬的父亲是一名秀才，满腹才学，却一直郁郁不得志，幸好有一个聪颖美丽的女儿，老怀得以慰藉。她从小由父母做主，许配给了邻村一秀才。这个秀才才华比不上吴淑姬，但知书达理，家境富裕，双方父母对这门亲事都是满意的。等到吴淑姬16岁时，她便嫁给了这个秀才。

新婚之前，吴淑姬梳妆之时，忽然玉簪跌落，碎成两半。她认为这是不祥之兆，心中便如压了一块大石，沉重不已。果然，这个秀才身体十分孱弱，嫁过去没几天，秀才病重，竟不治而亡。吴淑姬认为玉钗跌落碎裂乃是预兆，自伤身世，郁郁寡欢，写下了《祝英台近·春恨》

一词：

粉痕消，芳信断，好梦又无据。病酒无聊，倚枕听春雨。断肠曲曲屏山，温温沉水，都是旧来看承人处。

久离阻，应念一点芳心，闲愁知几许？偷照菱花，清瘦自羞觑。可堪梅子酸时，扬花飞絮，乱莺啼，吹将春去。

　　她独自在闺中倚枕听雨，想到曲曲屏山、温温沉水的美好景色都将随着春天的逝去而消失，不由得惆怅。在这样的心境下又恰逢这杨花飞舞、黄莺乱鸣暮春将去的时节，怎么不令人分外伤心呢。春光易逝，而青春也是同样易逝的，念及于此，情何以堪？

　　她于是又回到了娘家，郁郁寡欢。过了一年，父母又为吴淑姬找了一户家境富裕的人家。吴淑姬嫁过去后才发现丈夫原来是一个不学无术的纨绔子弟，成日拈花惹草，还对她拳脚相加。吴淑姬虽然家境贫寒，但父母疼爱，父亲更是把她当作掌上明珠，从小带着她吟诗作词，风雅无比，不料世间竟然有如此粗俗之人存在，她也只能在人后偷偷抹泪而已。

　　一天晚上，吴淑姬难以入眠，起身披衣，独自来到院中，站在微风和月色里，烦恼顿消，心灵得到了暂时的宁静和慰藉。突然，喝得醉醺醺的丈夫从外面归来，见到吴淑姬一个人坐在庭院之中，就污言秽语地骂开了。吴淑姬正沉浸在风光霁月的清明意境中，忽然被这个俗不可耐的丈夫撞破温静心境，禁不住珠泪暗滴。她再也无法忍受这样的生活，想到一辈子就要和这个没有共同话题的丈夫度过，她就不寒而栗，于是，她思前想后，决定和丈夫离婚。这下丈夫傻了眼，软硬兼施，坚决不同意。

　　吴淑姬是外柔内刚的人，她一旦心意已决，就没有再回头的可能。被夫家关了起来后，吴淑姬在仆人的帮助下逃跑，却又被夫家抓回。丈夫恼羞成怒，以不守妇道为名将吴淑姬告上官府。

　　吴淑姬索性将罪名一概承担。她为了离开那个俗不可耐、和她根本不在同一个世界的男人，宁愿坐牢。但吴淑姬才名远播，官府里的僚属听说她被关押在监狱里，都想一睹她的风采。一天，当时审理此案的郡僚带了几个人一起到监狱里来看她。吴淑姬被带了过来，她虽然戴着枷锁，但风致楚楚，气质极佳，众人被她气韵所镇，一时说不出话来，只是暗暗赞叹名不虚传。

　　狱卒为她打开了枷锁，郡僚对吴淑姬说："我知道你擅长作词，最好用词把你的真实情况写出来，我尽量想办法为你说情。"吴淑姬想到自己确实冤枉，就说："请出题吧。"

　　当时正值冬末雪消，春日且至，郡僚就以此景为题。吴淑姬目视窗外，飞雪刚过，梅花正放，提笔立成一首《长相思》：

　　烟霏霏，雪霏霏。雪向梅花枝上堆，春从何处回？
　　醉眼开，睡眼开。疏影横斜安在哉？从教塞管吹。

　　这首词把她的委屈和辛酸以一种清美的方式表现出来，却融合自然。而她又在词中表明自己的坚持，虽然羌笛声想要将梅花催落，但是梅花依然开放得令人心醉，疏影横斜。

　　郡僚把她所作的词出示给同来的人，众人无不叹赏。第二天，郡僚拿着吴淑姬的词稿报告太守。太守看了，也是击节赞赏。

终于到了提审吴淑姬的时候了。在大堂上，太守看到吴淑姬虽然衣衫褴褛，但眉宇间自有清雅之气，令人忘俗，再看那富家子弟则是粗陋不堪，心下明白几分。太守听过二人陈述后，判决他们离婚。

吴淑姬得脱藩篱，回家后对父母说："除非断簪复合，否则不再嫁。"她收拾好闺房，邀约旧日好友，琴棋诗画，开始静心过自己想过的日子。因与富家子弟打了官司，后来竟无人上门向吴淑姬求亲。

转眼又是暮春，一天，吴淑姬有个要好的朋友来访，看到书案上她刚刚写完的新词《小重山》：

谢了荼蘼春事休。无多花片子，缀枝头。庭槐影碎被风揉。莺虽老，声带尚娇羞。

独自倚妆楼。一川烟草浪，衬云浮。不知归去下帘钩。心儿小，难着许多愁。

这首词寄托了一种花事已了、青春将逝的感慨，含蓄优美，轻巧可爱。

好友读完，不禁黯然。好友几天后再来看望时，手上多了一叠诗稿。吴淑姬细阅诗稿，越看越是喜欢，好友便言明诗是年轻士子杨子治所作。吴淑姬开始期待能和这个杨公子见上一面。而好友又辗转将吴淑姬的诗稿送给杨子治，杨子治对她的诗也是赞赏有加。

这天，吴淑姬禀告父母曰："玉簪已合，想必姻缘将至。"女儿自从说了终身不嫁之后，父母见她前次婚姻吃了那么多苦头，自然心疼，不愿违背她的意愿。这次她主动提出婚姻大事，父母自然欢喜。过了几天，杨家登门求亲，其父一口应允。新婚之夜，两人双手相握，温馨无限。吴淑姬终于盼到了有情郎。

　　这是关于吴淑姬结局的一个说法。另一个说法是,无人肯娶吴淑姬作正妻,还是宋人周介卿的儿子周民将吴淑姬买来作妾,这在当时也算是一个好的结局了。

杨皇后

绕堤翠柳忘尤草，夹岸红葵安石榴

　　杨皇后，是南宋宁宗的皇后，浙江会稽（今绍兴市）人。她不仅能书会诗，心思也深沉，富有政治头脑。她曾经参与了矫诏废皇子、援立理宗、诛杀韩侂胄等一系列重大历史事件。

　　杨氏生得极为美貌，因而被选送入宫。最初她是跟随母亲张氏入隶德寿宫乐部。她不仅美艳过人，而且机警明慧，才华出众，涉猎诗书，知晓古今。她还特别擅长书法，精于小王笔法，与宫廷画院的画家亦有交游往来。她的书法"波撇秀颖，妍媚之态，映带漂湘"，是宋代著名的女书法家。

　　很快，聪明伶俐又美丽出众的杨氏便引起了太皇太后吴氏的注意，吴太后很赏识她，于是她便由乐女转为吴太后的侍女。吴太后对她青眼相加，甚至由此招来了宫女们的嫉妒。

　　有一次，吴太后正在沐浴，宫女们便故意撺掇杨氏试穿吴太后的衣服。杨氏不知是计，竟然真的去试穿吴太后的衣服。宫女们趁机在吴太后面前告状，说她有僭越行为。不料，吴太后因熟知宫中的钩心斗角之事，又宠爱杨氏，并未把此事放在心上，不但没有怪罪她，还训斥告状的宫女，并说也许杨氏将来真的会穿上这身衣服，拥有跟她一样的地位。吴太后不过是随口之言，想不到她的话后来竟然真的应验了。

当时，嘉王赵扩经常到吴太后宫中请安。赵扩爱好琴棋书画，曾写过一首《浣溪沙·看杏花》：

花似醺容上玉肌，方论时事却嫔妃。芳阴人醉漏声迟。

朱箔半钩风乍暖，雕梁新语燕初飞。斜阳犹送水精卮。

杨氏姿容美丽、聪颖机敏，在吴太后宫中显得出类拔萃，又得吴太后欢心，很快也引起了赵扩的注意。赵扩当上皇帝后，依旧念念不忘杨氏，经常借机亲近，杨氏因此而得幸。吴太后知道后，干脆将杨氏大方地赐给了宋宁宗。

庆元元年（1195）三月，杨氏嫁给赵扩，封平乐郡夫人。赵扩对杨氏恩宠有加，3年后杨氏进封婕妤，后来进婉仪，次年再进贵妃。她进宫时年龄幼小，忘记了本来的姓氏。当时会稽有一位名人叫杨次山，她便称他是自己的哥哥，称自己姓杨。其实是她心机深远，想在政治舞台上一展身手。她的家族衰落，她便冒认同籍贯的杨次山为兄长，想以杨次山来作为自己在宫外的帮手和耳目。

宋宁宗政治上主张抗金，支持北伐，重用抗金名将韩侂胄。庆元五年（1199），恭淑皇后去世，中宫空缺，杨氏和曹美人均得宠。韩侂胄得知杨氏心思深沉，擅长权术，而曹美人个性柔顺，与世无争，于是劝告宋宁宗立曹美人，以便自己掌握朝政。但杨氏很受宠爱，最终被宁宗立为皇后。这一年,杨氏41岁。

杨皇后知道韩侂胄反对立自己为皇后,对他怀恨在心,一登上皇后宝座,便勾结杨次山以及礼部侍郎史弥远,阻挠韩侂胄抗金,主张投降。韩侂胄北伐失败后,史弥远趁机勾结杨皇后,密谋杀死韩侂胄。

开禧三年(1207)十一月初三,韩侂胄入朝,被截至玉津园夹墙内活活打死。韩侂胄被杀后,朝廷大权落入史弥远手中。宋宁宗事先并不知情,之后被迫下诏宣布韩侂胄之罪。宋金和议终于达成,这就是宋金和议史上最为屈辱的《嘉定和议》。

宁宗和杨皇后虽然恩爱,却没有孩子。景献太子赵询薨逝后,宋宁宗领养了宗室中一个名叫赵贵和的孩子。未久,贵和改名为"竑",加封济国公。史弥远知道赵竑对他反感,决意扶持邵州防御使赵昀登基。

宋宁宗驾崩当晚,史弥远半是游说半是胁迫杨皇后改立赵昀为帝。长久犹豫过后,杨皇后便同意放弃赵竑,转而抚摸着赵昀的脊背说:"汝今为吾子矣。"赵昀日后登基,便是宋理宗。

杨皇后作品甚多,现在流传下来的有50首宫词。明人毛晋就编有《二家宫词》一书,共分两部分:一为宋徽宗所作,一为宋宁宗杨皇后所作。杨皇后在政治上主张投降苟安,在文学上也是逃避现实。和花蕊夫人关注宫人哀苦的宫词不同,杨皇后的宫词避开了所有现实矛盾,描写了宫中晚凉泛舟、出游行乐、骑马射箭、打球击鞠的享乐生活,含有歌功颂德、粉饰太平之意,如:

绕堤翠柳忘尤草,夹岸红葵安石榴。

御水一沟清彻底,晚凉时泛小龙舟。

溶溶太液碧波翻,云外楼台日月闲。

春到汉室三十六,为分和气到人间。

上林花木正芳菲,内裹争傅御制词。

春赋新翻入宫调,美人群唱捧瑶厄。

宋理宗继位,杨皇后垂帘听政,她于宝庆二年(1226),加尊号寿明皇太后。绍定元年(1228),又加尊号寿明慈睿皇太后。绍定四年(1231),加尊号寿明仁福慈睿皇太后。绍定五年(1232),杨太后崩于慈明殿,谥曰"恭圣仁烈皇后"。

开到寒梢尤可爱，
此般必是汉宫妆

杨妹子

杨妹子，南宋女诗人。她擅长书法，书法似宋宁宗，以艺文供奉内庭，朝廷准备颁赐给贵戚的名画，必命杨妹子题署。日积月累，杨妹子的作品累积成《题画诗》一卷。

她最喜欢给当时著名画家马远的名画题诗。凡御府收藏马远作品，多为她所题。而给马远的题画诗，偶有情致缠绵之意。正因为此，她还被当时的人们猜测，或许她与马远有一段不为人知的故事，《书史会要》评："马远画多为其所题，语关情思，人或讥之。"

她曾给马远4幅画梅图分别题了一首诗，颇为清丽可喜。如《题马远画梅·绿萼玉蝶》：

浑如冷蝶宿花房，拥抱檀心忆旧香，

开到寒梢尤可爱，此般必是汉宫妆。

　　绿萼便是绿萼梅，梅花中的一种珍稀品种。范成大《梅谱》中记载："凡梅花，纣蒂皆绛紫色，唯此纯绿。枝梗亦青，特为清高，好事者比之'九疑仙人萼绿华'。"范成大也很喜欢绿萼梅，曾有一诗便以"绿萼梅"为题："朝罢东皇放玉鸾，霜罗薄袖绿裙单。贪看修竹忘归路，不管人间日暮寒。"

　　这些题画诗后面各有杨妹子之章，一小方印，落款也是娇俏可人的"杨妹子"。因此有的典籍就直接记载她的名字为杨妹子。她的题画诗，字迹清秀俊雅，如娟娟美秀的女子，迎风翩然而立，玉肌雪肤，笑颜宛然。

　　杨妹子给马远的 4 幅小景也各题一绝句云：

人道中秋明月好，欲邀同赏意如何？
华阳洞里秋坛上，今夜清光此处多。

石楠叶落小池清，独下平桥弄扇行。
倚日绿阴无觅处，不如归去两三声。

清献先生无一钱，故应琴鹤是家传。
谁知然鼓无弦曲，时向珠宫舞幻仙。

雨洗东坡月色清，市人行尽野人行。
莫嫌荦确坡头路，自爱铿然曳杖声。

　　《石渠宝笈》卷三十二对扬妹子题画诗有评论曰："杨妹题辞与笔

意俱雅绝,无韩掳妖冶态,其亦女史之良哉!"

杨妹子还有一首《诉衷情·题马远松院鸣琴》。这是一首"知音世所稀"的惆怅之作,幽静之中又透出一缕清雅秀丽:

闲中一弄七弦琴,此曲少知音。多因淡然无味,不比郑声淫。
松院静,竹楼深,夜沉沉。清风拂轸,明月当轩,谁会幽心。

杨妹子所钟情的南宋著名画家马远是一位十分有才气的画家,他不但在山水、花鸟画上开创新风,而且在人物画上也取得了很高的成就。马远早在青年时期就已经显露出出众的艺术才华,20多岁时绘制的人物画就得到过宋高宗的御题,与李唐、刘松年、夏圭并称"南宋四家"。

关于杨妹子的身份,向来扑朔迷离,有不同说法,有的说是宋宁宗杨皇后的妹妹。明代陶宗仪《书史会要》有记:"杨妹子,杨后之妹。书似宁宗。远画多其所题,语关情思,人或讥之。"清代孙承泽《庚子消夏录》载:"马远,在画院中最知名,余有红梅一枝,蒨艳如生,杨妹子题一诗于上。按:杨妹子者,宁宗恭圣皇后之妹,书法类宁宗。凡御府马远画,多令题之。"

杨妹子天资聪颖,才华横溢,擅长绘画。她不但为人题画,而且自己也善画,绘画艺术得到时人称赞。《宋元以来画人姓氏录》载:"杨妹子,不知其名,写《赵清献公琴鹤图》,不特琴声入耳,而鹤舞之态得传,清献公之孤高,真在九皋上也。"

也有说法说杨妹子就是杨皇后本人,元代人吴师道在《礼部集》题《仙山秋月图》一诗自注云:"宫扇。马远画。宋宁宗后杨氏题诗,自称杨妹子。"启功先生也偏向这一说，曾经发表了《谈南宋院画上题字的"杨妹子"》一文，指出杨妹子就是杨皇后。

　　不过这杨妹子到底是谁，至今还是个谜，这是中国画史上一个美丽的秘密。

唐琬

晓风干，泪痕残，
欲笺心事，独倚斜阑

　　唐琬，字蕙仙。她的父亲是郑州通判唐闳，祖父是北宋末年鸿儒少卿唐翊。家学渊源深厚，自己也才华横溢，诗书俱通。

　　她是南宋著名诗人陆游的第一任妻子。宋高宗绍兴十四年（1144），20岁的陆游和表妹唐琬结为伴侣。两人从小青梅竹马，耳鬓厮磨，婚后"伉俪相得"，"琴瑟甚和"。

　　然而，唐琬与陆游的亲密感情引起了陆母的不满。陆母强迫陆游和她离婚。陆游和唐琬的感情很深，不愿分离。他一次又一次地向母亲恳求，都遭到了母亲的责骂。迫于压力，两人不得不分开。

　　但陆游与唐琬都是难舍难分，于是陆游便瞒着母亲，偷偷地在外面租了一间房子给唐琬居住，两人常常在那里相会，以为这样可换来暂时的相守。但不料被母亲发现，母亲大发雷霆。陆游不得不依母亲的心意，于绍兴十八年（1148）与唐琬离婚，另娶王氏为妻。唐琬也迫于父命嫁给同郡的赵士程。

　　绍兴二十五年（1155）的春天，陆游满怀忧郁地独自一人漫游山阴城沈家花园。正当他独坐饮酒之时，突然意外地在小园中看见了念念不忘的那个倩影。那美人娉娉婷婷地走近了，果然是唐琬，而她身边却站着另一个男子，她的丈夫赵士程。陆游猛然见到昔日的爱人，悲喜交集，而她身边，已经有了他人。

　　唐琬见到陆游，心中也是万般思绪。她难忘旧情，在征得赵士程的同意后，给陆游送来一份酒肴。陆游看到唐琬这一举动，体会到了她的深情，两行热泪凄然而下，一扬头喝下了唐琬送来的这杯酒。昔日以为携手便是一生，却不料错身而过，便是一辈子。这些年来，他对她魂牵梦绕，从未忘怀。

　　陆游喝完酒后，内心无法平静，他提笔疾书，在粉墙上奋笔题下《钗头凤》这首千古绝唱：

　　红酥手，黄滕酒，满城春色宫墙柳。东风恶，欢情薄，一怀愁绪，几年离索。错、错、错！

　　春如旧，人空瘦，泪痕红浥鲛绡透。桃花落，闲池阁，山盟虽在，锦书难托。莫、莫、莫！

　　而不久后唐琬重游沈园，看到了陆游所题的词。她含泪地站在那里，静静看完这首《钗头凤》之后，再也无法控制自己的情绪，也提笔和了一首《钗头凤》词：

　　世情薄，人情恶，雨送黄昏花易落。晓风干，泪痕残，欲笺心事，独倚斜阑。难！难！难！

　　人成各，今非昨，病魂常似秋千索。角声寒，夜阑珊，怕人寻问，咽泪装欢。瞒！瞒！瞒！

　　她自从与陆游离婚之后，就郁郁寡欢。在与陆游重遇之后，又再一次勾起她的回忆。然而她已经有了新的家庭，曾经的爱情只能埋在心灵的最深处，这让她痛苦不堪，"咽泪装欢"。和了这首词后，唐琬不久便忧郁而死。

　　沈园一别后，陆游北上抗金，又转川蜀任职，时光流转，鬓发苍然，然而心中的情意却沉淀得越发璀璨晶莹。他63岁，"偶复来菊缝枕囊，凄然有感"，又写下一首缠绵哀怨的诗：

　　采得黄花作枕囊，曲屏深幌闷幽香。
　　唤回四十三年梦，灯暗无人说断肠！
　　少日曾题菊枕诗，囊编残稿锁蛛丝。
　　人间万事消磨尽，只有清香似旧时！

　　那菊花枕上的清香，唤起了心中深埋43年的相思，无人能说，无人能懂，只能悄悄思量。就算时光尽逝，万事皆休，但这菊花的清香会依然如故。因为，心中对她的爱，永远如昔。

　　在他67岁的时候，重游沈园，看到当年题《钗头凤》的半面破壁，想起唐琬，忍不住又挥笔写下一诗：

　　枫叶初丹桷叶黄，河阳愁鬓怯新霜。
　　林亭感旧空回首，泉路凭谁说断肠。
　　坏壁醉题尘漠漠，断云幽梦事茫茫，
　　年来妄念消除尽，回向蒲龛一炷香。

陆游 75 岁时,住在沈园的附近,而这时离唐婉逝世已经有 40 年,"每入城,必登寺眺望,不能胜情",于是陆游写下绝句两首,即《沈园》诗二首。

城上斜阳画角哀,沈园非复旧池台。
伤心桥下春波绿,曾是惊鸿照影来。

梦断香销四十年,沈园柳老不飞绵。
此身行作稽山土,犹吊遗踪一泫然。

同心而离居,忧伤以终老。75 岁高龄,他仍然思念着她,为她写下诗句。在他的记忆里,她仍是那个绿鬓如云、明眸似水的轻盈少女,永远不曾老去。

81 岁,陆游又梦见沈园,醒来后不胜悲痛,提笔题诗:

路近城南已怕行,沈家园里更伤情。
香穿客袖梅花在,绿蘸寺桥春水生。

城南小陌又逢春,只见梅花不见人。
玉骨久沉泉下土,墨痕犹锁壁间尘。

陆游最喜梅花,写了很多关于梅花的诗,有"一树梅花一放翁"的诗句。而在这里,清绝梅花还在,宛若当年的唐氏好女,而她已经杳无踪迹。

陆游去世前一年,他仍然念念不忘唐婉,再作了一首诗:

沈家园里花如锦,半是当年识放翁。

也信美人终作土,不堪幽梦太匆匆!

写这首时,陆游已经 85 岁了。唐琬在他的诗中成了永恒。

老来多健忘,唯不忘相思。即使红颜弹指老,却也无法忘却刹那间惊艳一生的宛转芳华。只是,可惜不是你,陪我到最后。只道真情易写,哪知怨句难工。水流云散各西东。半廊花院月,一帽柳桥风。

窗外有芭蕉，
阵阵黄昏雨

陆游妾

南宋著名诗人陆游，有一次在一处驿站里借宿。夜晚秋虫轻轻鸣叫，窗外梧桐坠下金黄的落叶。陆游想起唐琬，想起多年未了的心事，心中哀戚，翻来覆去睡不着，于是披衣而起，于月下散步。

在淡淡的月光下，他忽然发现粉墙上不知是何人写了一首诗在上面，字迹清秀隽丽：

玉阶蟋蟀闹清夜，金井梧桐辞故枝。
一枕凄凉眠不得，挑灯起作感秋诗。

陆游看后很是欣赏，因为这首诗浑然天成，而诗中意境倒与自己的境遇亦有几分相似，尤其那句"一枕凄凉眠不得"，这不就是自己的写照吗？而秋夜里徘徊不尽的心事也简直被一语道尽了。他突然有种强烈的冲动，很想结识一下这个写诗的人。

于是,陆游耐着性子等到天明,便赶紧找来管理这个驿站的驿卒,问起写诗的人来。不料驿卒的回答让他大吃一惊。驿卒竟然说这诗是他女儿写的。这样偏僻的地方,会有这样玲珑剔透的女子? 陆游听后,急忙要驿卒找来了她的女儿。

一会儿,驿卒女儿来了。这文才不凡的女孩儿,长得也是清秀耐看。她乍见生人,很是羞涩,低头不语,但一双灵动的眸子,显示出她的敏捷才思。陆游不由得心动,于是当即向驿卒求亲,想纳那女孩儿为妾。

驿卒知道陆游是当世大才子,认为也是女儿的良配,于是同意了。不久,陆游就把驿卒女带回了家中。此时的陆游 47 岁,而驿卒女才 20 岁出头,正是绮年玉貌。陆游的妻子王氏,是陆游母亲选定的第二任夫人,不通文墨,也不会诗词,陆游和她并不和睦,陆游诗中也从未提及她。

陆游自从和唐婉分别之后,很少有红颜知己能和他谈诗论文,为他红袖添香。驿卒女性情温婉,诗才敏捷,陆游对她很欣赏。他又渐渐找回了初恋的感觉,仿佛唐婉还未离去。

这时,王夫人受不了了,嫉妒在她心中滋长着,她在家中大吵大闹,刻意为难着驿卒女,要将她赶出家门。

陆游虽然身负大才,胸怀大志,但在家中却是个懦弱之人,当初就是因为惧怕母亲,为了保全孝子的名声而休了唐婉,而这次,陆游同样惧怕着妻子,并不敢出言阻止,就这么眼睁睁地看着王夫人把驿卒女遣出了家门。

这时,驿卒女人陆家门仅半年时光。而这半年里,她不知道受了多少委屈,流了多少泪。从唐婉到驿卒女,陆游始终不能守护自己心爱的女子。

驿卒女含泪离开了陆家，离开的时候，正是黄昏，雨打芭蕉，更增愁意。她痛苦地写下了一首《生查子》：

只知眉上愁，不识愁来路。窗外有芭蕉，阵阵黄昏雨。

晓起理残妆，整顿教愁去。不合画春山，依旧留愁住。

戴复古妻 ❀ 揉碎花笺，忍写断肠句

戴复古是南宋诗人，自号石屏、石屏樵隐，天台黄岩（今属浙江省台州市）人，著有《石屏诗集》《石屏词》。他曾娶过一位情深义重又才华横溢的妻子，但这位女子的名字并未流传下来，史称"戴复古妻"。

戴复古一生布衣，四处漫游，曾经跟随陆游学诗，在当时诗名卓著，"以诗鸣江湖间垂五十年"。当他流浪到江西武宁时，几乎冻饿而死。幸好武宁有一位心地善良的富翁出手相救，给了他一些食物和水，他才得以存活。富翁跟他交谈之后，发现他饱读诗书，才华横溢。正因为欣赏他的才华，怜惜他的遭遇，富翁把女儿嫁给了他。

戴复古其实早已娶妻，但见富翁殷勤，少女美貌，很是心动，便隐瞒不说，两人就此拜堂成亲。成婚之后，妻子对戴复古百般体贴。她也是一位精通文墨的女子，钦佩丈夫的才华，二人诗歌唱和，彼此钦佩，感情越来越深。

过了3年，戴复古起了思乡之情，一定要返回家乡。他的妻子想跟随他去,他却吞吞吐吐。于是,在妻子的追问下,戴复古终于道出自己在家乡结过婚的事实。

戴复古妻如遭雷击,流着泪把这件事告诉了自己的父亲。父亲大怒。他好心救了戴复古一命,戴复古不但不感恩,还以隐瞒欺骗的手段毁掉了他女儿一生的幸福,他打算去报官。按照《宋刑统》卷十三规定,重婚男子是要判刑的,"诸有妻更娶妻者,徒一年","若欺妄而娶者,徒一年半"。戴复古属于欺瞒重婚罪,判刑应在一年半左右。但戴复古妻又心疼丈夫,婉言劝解了父亲。父亲知道女儿的心思,唯有叹息而已。因为她的仁慈,使得戴复古免受法律制裁。

她深爱戴复古,不忍和他分手,但也不想强行留住他,于是把自己的嫁妆全部送给了丈夫,希望丈夫能念着夫妻之情良心发现。但戴复古却坦然受之,携带这些财物飘然而去。

临别时,戴复古妻见戴复古绝情寡义,不由得柔肠寸断。她写下了一首《祝英台近》赠给了他:

惜多才,怜薄命,无计可留汝。揉碎花笺,忍写断肠句。道旁杨柳依依,千丝万缕,抵不住、一分愁绪。

如何诉。便教缘尽今生,此身已轻许。捉月盟言,不是梦中语。后回君若重来,不相忘处,把杯酒、浇奴坟土。

这首词里,字字血泪。她对戴复古钟情,爱他"多才",却又恨自己薄命。曾经的海誓山盟早已随风而去,两人缘分已尽,而她也决意赴死。末了嘱咐夫君,若他再度回来,只盼他能在自己坟前浇上一杯薄酒。虽然戴复古忘恩薄幸,但他的妻子竟然只把一切归罪于命运,一味自怨自艾,对薄情郎并无怨怼,仍然一往情深。

　　这首词,实质上是戴复古妻的绝命书。但戴复古仍然不顾妻子死活,绝情而去。他一走,他的妻子便投水而死。

　　戴复古妻死去10年之后,戴复古终于思念起那个对他一往情深的苦命女子,于是重游武宁旧地,物是人非,他颇有感慨,写下了《木兰花慢》:

　　莺啼啼不尽,任燕语、语难通。这一点闲愁,十年不断,恼乱春风。重来故人不见,但依然、杨柳小楼东。记得同题粉壁,而今壁破无踪。

　　兰皋新涨绿溶溶,流恨落花红。念着破春衫,当时送别,灯下裁缝。相思谩然自苦,算云烟、过眼总成空。落日楚天无际,凭栏目送飞鸿。

　　他虽然还念着妻子,但并未像妻子一样钟情至深,而且也没有因为妻子的死而有任何内疚,受到任何良心的谴责。10年之后,她只是成了他的“一点闲愁”,过眼烟云。而这位文采斐然的女子,只留下了一首词传世,连名字也没有留下来。

　　这个故事见载于明代文学家杨慎的《词品》。杨慎对戴复古妻十分同情,对戴复古这种始乱终弃的行为表示了严厉的谴责:“呜呼,石屏可谓不仁不义之甚矣。既诳良人女为妻,三年兴尽而弃之,又受其奁具而甘视其死。俗有谴词云:‘孙飞虎好色,柳盗跖贪财,这贼牛两般都爱。’石屏之谓欤?”

山之高，月出小。
月之小，何皎皎

张玉娘

张玉娘，字若琼，自号一贞居士，处州（今浙江省丽水市）人。她生于仕宦家庭，曾祖父是淳熙八年（1181）进士。母亲刘氏近50岁时才生下她，对她爱若性命。她自幼饱读诗书，敏慧绝伦，诗词尤得风人体，时人用班昭来比她。

少女时代，张玉娘的生活是轻松自在的，她有两个丫鬟，一个叫紫娥，一个叫霜娥，都有才色。她又养有一只鹦鹉，善学舌，知人意，因此号为"闺房三清"。她曾作下一首《游春》，描写春日里少女们相约踏春时的无忧之乐：

护槛花浓梦欲赊，五更清露锁寒扉。
明朝恐负寻芳约，拂晓平瞻霁影依。
贴翠自怜羞舞镜，送春无奈听啼规。
金莲破藓留芳迹，梨萼翻风作雪飞。

沙上晴凫窥浅渚,松边黄蝶绕疏篱。

催吟片雨云俱黑,狂絮欺人故点衣。

心事肯随流水尽,新愁不与酒尊宜。

青梅已结梢头实,驿使难传陇外枝。

……

15岁时,张玉娘便和与她同庚的书生沈佺订婚。沈佺也出身书香门第,是宋徽宗时状元沈晦的七世孙。沈、张两家有中表之亲,张玉娘和沈佺又是青梅竹马,感情很好。订婚后,两人诗词吟答,互敬互爱。

张玉娘曾亲手做了一个精致的香囊,并在香囊上绣了一首《紫香囊》诗,送给沈佺。诗云:

珍重天孙剪紫霞,沉香羞认旧繁华。

纫兰独抱灵均操,不带春风儿女花。

深情缱绻,自不待言。如此琴瑟和鸣,本是快活甜蜜的生活。但是后来沈家日趋衰落,沈佺又一心在诗词上,无意仕途。张玉娘的父亲说:"欲为佳婿,必待乘龙。"父亲想要悔婚,为女儿另外选择一位佳婿。

张玉娘知道父亲的心思,心中难过不已,对父亲表明了自己的反对之意,并写下《双燕离》:

白杨花发春正美,黄鹄帘低垂。

燕子双去复双来,将雏成旧垒。

秋风忽夜起,相呼渡江水。

风高江浪危，拆散东西飞。

红径紫陌芳情断，朱户琼窗侣梦违。

憔悴卫佳人，年年愁独归。

她还写下一首《白雪曲》，以清绝白雪喻自己心志的坚贞：

帘白明窗雪，负急寒威冽。

欲起理冰统，发凝指尖折。

霜韩眠不稳，愁重肠千结。

闻看腊梅梢，埋没清尘绝。

张玉娘与沈佺自小相识，他是她的初恋，也是她唯一的爱，她只想着和沈佺在一起，情根深种，根本再也无法接受他人。但父母对沈佺如此不满，她唯一能做的，就是鼓励沈佺用心攻读，待到金榜题名时，能征得父亲的同意来娶她。

沈佺为了张玉娘，发愤苦读。他本来就是个很有才华的人，加上刻苦用功，果然取得了极出色的成绩。南宋咸淳七年（1271），沈佺进京赶考，他的才思惊动了整个京城，一时传为佳话。

据说，在面试时，主考官问得沈佺是松阳人士，恰好这位主考曾经到过松阳，便出了个上联"筏铺铺筏下横堰"，沈佺应声而答："水车车水上寮山"。对句精巧工整，上联的"横堰"和沈佺对的"寮山"都是松阳的地名。众人惊叹不已。榜单出来，沈佺中了榜眼。

在家乡，玉娘思念心上人，每日都是望断秋水，柔肠寸断。在此期间，她作下了诗《山之高》三章：

> 山之高,月出小。
>
> 月之小,何皎皎!
>
> 我有所思在远道。
>
> 一日不见兮,我心悄悄。
>
> 采苦采苦,于山之南。
>
> 忡忡忧心,其何以堪。
>
> 汝心金石坚,我操冰雪洁。
>
> 凝结百岁盟,忽成一朝别。
>
> 朝云暮雨心来去,千里相思共明月。

《山之高》的艺术成就很高,委婉缠绵,清新如洗,语出天然,被元代诗文家虞伯生认为有诗三百(即《诗经》)之遗风:"可与《国风·草虫》并称,岂妇人女子之所能及耶!"

可惜的是,正是在赶考的路途上,沈佺不幸感染了寒疾,回家之后病势转重,不久便去世了,年仅22岁。

沈佺死后,张玉娘痛不欲生,发誓终身不嫁,为沈佺守节,并作了一首诗表明心意:"中路怜长别,无因复见闻。愿将今日意,化作阳台云。"父母要替张玉娘另配佳偶,张玉娘坚决拒绝,并说,如果不是因为双亲还在的话,她早就跟随沈佺而去了。

这样,6年的时光缓缓滑过。景炎二年(1277)元宵节晚,张玉娘父母出去看灯,张玉娘无心出去,只是独自一人坐在灯下发呆,默默思念沈佺。忽然灯影晃动,玉娘依稀看见沈佺正微笑着站在她面前,英俊温柔一如从前。她又惊又喜,忙对他说:"沈郎为何离我而去?"他的影子便忽然消逝了。张玉娘悲痛欲绝,从此得病不起。她这些年受尽了相思煎熬,已经熬到了油尽灯枯。半月后张玉娘便郁郁而终,年仅

28 岁。

张玉娘的父母痛失爱女，终于明白了女儿的心思，也被女儿的深情所感动。在征得沈家同意后，张玉娘的父母将张玉娘与沈佺合葬于西郊枫林之地。

一个月后，与她朝夕相处的侍女霜娥悲痛而死，另一名侍女紫娥也自杀身亡，追随张玉娘而去。玉娘生前蓄养的鹦鹉也"悲鸣而降"，摔死在张玉娘的坟前。张家便把这"闺房三清"陪葬在沈佺、张玉娘的墓左右，这便是历史上有名的"鹦鹉冢"。

张玉娘生前不幸，无法和爱人相守，饱受相思之苦的煎熬，郁郁一生，最后殉情而死，而她死后也是不幸的，她所著的《兰雪集》2 卷，共有诗 117 首、词 16 阕，虽然满纸芳华，却也长期默默无闻，"历三百年后显于世"。直到明代成化、弘治年间，邑人王昭为张玉娘作传表彰，她的事迹始显于世。

清代顺治年间（1644—1661），著名剧作家孟称舜任松阳教谕时，听闻了张玉娘的事迹，十分感动，更为她诗词中所展现出来的才气所折服，于是发动乡绅为张玉娘修墓扩祠，刊印《兰雪集》，并为她创作了传奇剧本《张玉娘闺房三清鹦鹉墓贞文记》。这使得张玉娘的故事得以流传，还曾远传到海外。

乐婉

若是前生未有缘，
待重结、来生愿

乐婉，生卒年不详，为宋代杭州妓。她生得美貌，又有诗才，为当时一位姓施的酒监所悦。

这段感情对于乐婉来说非常重要，她几乎是全身心投入，既享受恋爱的甜蜜，也承担相思的煎熬。她心中也非常明白，施酒监不过是逢场作戏而已。他只是把她当作了萍水相逢的一时艳遇。为此，她心中十分痛苦。但在施酒监面前，乐婉仍然巧笑情兮，不露声色。

离别的一刻终于到来。施酒监临行前作了一首《卜算子》送给了乐婉：

相逢情便深，恨不相逢早。识尽千千万万人，终不似、伊家好。

别你登长道，转更添烦恼。楼外朱楼独倚栏，满目围芳草。

从这首词里可以看出，施酒监对乐婉也是颇有情意，叹息相见恨晚,他虽然见过千万女子,却觉得她们之中没有一个比得上乐婉的。只是他对她的这情意并未到愿意和她长相厮守的程度。但到了离别之时,他心中也有不舍。在词末,他想象着她独自在小楼上凭栏远眺,遥遥望着远去的人,然而只有满目芳草萋萋。他懂她的思念与忧伤,可谓是刻画得相当细腻了。

乐婉含泪和了一首词,即传世的《卜算子·答施》:

相思似海深,旧事如天远。泪滴千千万万行,更使人、愁肠断。

要见无因见,拚了终难拚。若是前生未有缘,待重结、来生愿。

这首词写得浅近清远,幽怨缠绵,感人至深,并没有用到多少作词技巧,艺术感染力却远远在施酒监的词作之上,因此,这首词流传千古,而施酒监所作的词知道的人却寥寥无几。

词中,她诉说着对他的相思,如同海一般的深沉,两人相恋的种种往事,此刻想来,却十分的遥远。即将别离,她忽然觉得身边的情郎变得陌生起来,有咫尺天涯之感。为此,她不知道流了多少泪,柔肠寸断。此次分离之后,再想见面也没有因缘可见,但是要对这段爱情死了心,却又无法做到。如果是前生无缘,今生无分,那么就把希望寄托在来生吧,希望来生能和心上人双宿双栖,终成眷属。

乐婉的故事后来如何,典籍里并没有记载。她存世之词就只留下了这么1首。

望断斜阳人不见，
满袖啼红

幼卿

　　幼卿，是宋徽宗宣和年间(1119—1125)的一位民间女子，善诗词，现有一首词传世。

　　幼卿小时候经常和自己的表兄同窗共读。两人都非常热爱诗词，彼此对于诗词的观念也很契合。幼卿生得袅袅婷婷，表哥也是玉树临风，两人对彼此都萌生了情意。

　　与幼卿商定之后，表兄便向幼卿父母求婚。幼卿的父亲嫌弃他家中贫寒，便以他还没有取得功名为理由，拒绝了这个请求，并很快将幼卿嫁给了他人。

　　幼卿心里一直深爱表兄，对父母的这个决定感到十分的痛苦，一直到嫁过去的那天，她心中仍然郁郁不乐，愁眉难展。但是在"父母之命、媒妁之言"下，她又无法摆脱父母的安排。

　　表兄对幼卿另嫁他人感到极其不满，同时内心深处也很是痛苦。对于两情相悦的年轻人来说，没有什么比这更残酷了。同心而离居，忧伤以终老。他唯有将痛苦和忧思暂且全部压下，更加用功读书，决心一定要金榜题名，让轻视他的幼卿父母后悔他们的选择。

皇天不负有心人，第二年，刻苦攻读的表兄果然高中进士，终于扬眉吐气了一番。只是，他再也无法挽回跟幼卿的婚姻。因此，这喜悦毕竟是打了折扣的。他欢喜过后，又是无尽的黯然。

表兄后来被派到洮房当官，而此时幼卿的丈夫在陕右附近带兵。无巧不成书，这日，幼卿跟着丈夫外出，恰好遇到了表兄。

他们三人偶然遇到，幼卿和表兄四目相对，心中都是无限感慨。幼卿心中有千言万语要向表兄诉说，但她还没有开口，就看到了表兄脸上眼中的冷漠，所有话语都停在了嘴边。

原来表兄对幼卿另嫁他人一直耿耿于怀，他固然愤恨幼卿的父母，但是对意志不坚定的幼卿也是怒其不争。见她的目光投来，表兄浑若无事，策马向前，就当没有看见她一样。两人擦肩而过的瞬间，幼卿的泪悄然坠下。表兄却并未见到。

幼卿转过身来，回望表兄，直到他的身影渐渐没入斜阳的余晖之中，终于消失不见。

昔日恋人，今成陌路，幼卿伤心欲绝，写下了这篇《浪淘沙》，记下了与表兄重遇时的场景与心情，抒发自己的哀愁与幽怨之情，感情真挚，不落窠臼：

目送楚云空，前事无踪。漫留遗恨锁眉峰。自是荷花开较晚，孤负东风。

客馆叹飘蓬，聚散匆匆。扬鞭那忍骤花骢。望断斜阳人不见，满袖啼红。

不是爱风尘，
似被前缘误

严蕊

　　严蕊，原姓周，字幼芳，生卒年不详，南宋中期女词人。她出身低微，自小习乐礼诗书，后沦为台州营妓，艺名为"严蕊"。严蕊善琴棋歌舞、丝竹书画，色艺冠一时。而她又博览群书，通晓古今，所作诗词语意清新，四方闻名，有人甚至不远千里慕名相访。

　　此时严蕊所在的台州之太守乃是唐与正，字仲友，少年高才。唐与正赏识严蕊，曾有一次令严蕊侍酒，并命她赋红白桃花诗。严蕊一挥而就，一首清雅别致的《如梦令》便呈了上来：

　　道是梨花不是，道是杏花不是。白白与红红，别是东风情味。曾记，曾记，人在武陵微醉。

　　此词所咏的红白桃花是桃花的一种，明代李时珍《本草纲目》记载："桃品甚多……其花有红、紫、白、千叶、二色之殊。"红白桃花，就是同树花分二色的桃花。北宋邵雍有《二色桃》诗："施朱施粉色俱好,倾城倾国艳不同。疑是蕊宫双姊妹,一时携手嫁东风。"

唐与正对此词很是称赞,更加赏识她的才华,并赐给她两匹缣帛。

某年七夕,郡斋开宴,有豪士谢元卿在座。他也是久闻严蕊大名,于是命她即席赋词,要求以自己的姓为韵。酒方端上,严蕊不假思索,即作成一首《鹊桥仙》:

碧梧初出,桂花才吐,池上水花微谢。穿针人在合欢楼,正月露、玉盘高泻。

蛛忙鹊懒,耕慵织倦,空做古今佳话。人间刚道隔年期,指天上、方才隔夜。

谢元卿不由得折服,不觉跃然而起道:"词既新奇,调又适景,且才思敏捷,真天上人也!"谢元卿在严蕊处住了半年,倾囊相赠,方才归去。

南宋淳熙九年(1182),台州知府唐仲友为严蕊落籍。严蕊回黄岩与母亲同住,以为自己可以过平凡人的清静生活了,却没想到,自己又被卷入了政治斗争中。

同年,浙东常平使朱熹巡行台州,因唐仲友的永康学派反对朱熹的理学,朱熹连上六疏弹劾唐仲友,其中第三、第四状论及唐与严蕊风化之罪,下令黄岩通判抓捕严蕊,将其关押在台州和绍兴,施以鞭笞,逼其招供。两月之间,一再杖打她。严蕊深受折磨,被打得死去活来。但她认为自己曾经受了唐太守的知遇之恩,宁死不肯诬陷他,并道:"身为贱妓,纵合与太守有滥,科亦不至死;然是非真伪,岂可妄言,以污士大夫,虽死不可诬也。"

此事朝野议论，震动宋孝宗。孝宗认为这是"秀才争闲气"，将朱熹调任，转由岳飞后人岳霖任提点刑狱。岳霖知道严蕊无罪，也不忍她再在狱中无辜受苦，于是判令从良，将她释放。

严蕊临行前，岳霖问其归宿。严蕊便作下一首《卜算子·不是爱风尘》作为告别：

　　不是爱风尘，似被前缘误。花落花开自有时，总赖东君主。
　　去也终须去，住也如何住！若得山花插满头，莫问奴归处。

在词里，她阐明自己虽然沦落风尘，但并不是出自本意，更不是生性喜好，只不过是因为前生的因缘（即所谓宿命），无可奈何罢了。花落花开自有其机缘，一切都只能凭司春之神东君来做主。正如她这样孤苦无依的风尘女子的命运也只能凭地方官做主一般。该离开终须还是要离开了，待在这里如何能待下去呢？如果能把山花插满头，过上乡野之中的自由日子，就不需要问她要归向何处了。词中之意不卑不亢，蕴含着对自己不公命运的不满，也满怀对自由美好生活的憧憬与向往。

严蕊后来被赵宋宗室纳为妾，总算有了一个安稳的容身之处。以当时的社会环境来说，她也算是结局不坏了。

她的词作多佚，仅存《如梦令》《鹊桥仙》《卜算子》3首。据此改编的戏剧《莫问奴归处》，久演不衰。

苏小娟

别离情绪，
万里关山如底数

苏小娟，南宋著名歌妓，亦作苏小小，钱塘（今杭州）人，俊丽工诗，后嫁襄阳赵院判。

苏小娟有个姐姐盼奴，也是才貌双全，她与太学生赵不敏相好，两人相互倾心。赵不敏家境贫寒，盼奴供给他全部的生活学习费用，直到他太学毕业。赵不敏刻苦攻读，终于考取了进士，分配到襄阳府任司户官。

因为盼奴是官妓，难得脱籍从良，不能与赵不敏结婚，两人因此许久分隔两地，双双饱受相思之苦。赵不敏思念盼奴，终于相思成疾，上任3年便病逝了。临死前，赵不敏嘱咐弟弟赵院判，把自己的一些财产送给盼奴，并对弟弟说，盼奴有个妹妹，俊雅能吟，可以向她求婚，必定可以成就一对佳偶。

赵院判遵照哥哥的嘱咐来到钱塘去寻找苏小娟姐妹，结果打听到苏盼奴已经于一个月前去世，而苏小娟因为盼奴的案子受牵连被关押在牢房里。赵院判大惊,赶紧去了解详细的情况。

原来,是当时有个官员挪用官绢嫖娼,被人告发,牵连到了盼奴,又连累了苏小娟。在公堂上,通判给她看了赵不敏弟弟写给她的一首表露心迹的诗:

开初名妓镇东吴,不好黄金只好书。
借问钱塘苏小小,风流还似大苏无?

苏小娟见诗之后,心中便明镜一般了。赵院判赞她"不好黄金只好书",也颇合她心意。但后面两句就有些轻浮了,意思是问她文才风流,和她姐姐相比如何呢?

通判就对苏小娟说,如果你能当即和他一首诗的话,就宣布你无罪,不然就立刻偿还官绢。苏小娟无奈,当即写下一首和诗,掷笔而起:

君住襄阳妾住吴,绝情人寄无情书。
当年若也来相访,还有於潜绢也无?

这首诗写得甚为泼辣。两人一在襄阳,一在钱塘,多日不理,可谓绝情,还写下这么一首无情之诗。如果早日来相访的话,就不存在官绢的冤案了。

通判看了,甚是信服,马上无罪释放了她,还帮她落籍从良。苏小娟倚赖自身的聪明睿智,赢得了官司,更迎来了一场幸福的爱情。赵院判见到诗后,心中有愧,又佩服她的文才,于是迎娶了她,并把赵不敏留给盼奴的财产也给了她。最终,她和赵院判白头偕老。

　　苏小娟和赵院判结婚之后，两人情投意合，感情很好。苏小娟后来写有《减字木兰花》，诉说她对赵院判的相思之情：

　　别离情绪，万里关山如底数。遣妾伤悲，未必郎家知不知。
　　打从君去，数尽残冬春又暮。音问全乖，等到花开不见来。

马琼琼

传语东君，
早与梅花作主人

马琼琼，为南宋时杭州名妓，多才艺，善诗词，因细心经营，苦心积累，于是颇有积蓄。自从沦落风尘之后，她无时无刻不在寻找机会嫁人，脱离那个暗无天日的地方。

但是可惜的是，她一直没有遇到中意的男子。马琼琼并不灰心，坚持寻找着，直到遇到了在太学读书的青年书生朱端朝。

朱端朝和马琼琼来往渐多，彼此感情也渐渐加深。朱端朝文华富赡，但家庭贫困。马琼琼读了他的文章，并不嫌弃他家贫，还认为他日后必有一番作为，对他倾心不已。于是马琼琼慷慨解囊，提供他学习生活的各种费用。朱端朝得以安心学习，刻苦攻读。

马琼琼几次对朱端朝说起，希望两人的关系并不仅限于情人身份。她大胆吐露心事，以终身为托。朱端朝是个懂得感恩的人，为了安慰马琼琼，答应要娶她过门。但他嘴上虽然答应，心中却还迟疑，倒也不是他生性薄凉，而是因为家中有一位严妻，他担忧妻子不会允许他纳妾。

后来朱端朝参加秋试果然高中，捷报传来，马琼琼欢喜不已。朱端朝愈发努力，继续参加省试，又中优等，后来参加廷试，因为言辞过激，遂置下甲，授官南昌县尉。从此，朱端朝便脱离平民身份，正式走上仕途。

马琼琼知道他就快要离开她去上任，心中难过，担心他会一去不返，永无相见之日，于是恳切地对朱端朝说："妾风尘卑贱，荷君不弃。今幸荣登仕版，行将云泥隔绝，无复奉承枕席。妾之一身，终沦溺矣！诚可怜悯！欲望君与谋脱籍，永执箕帚。虽君内政谨严，妾当委曲遵奉，无敢唐突。万一脱此业缘，受赐于君，实非浅浅。且妾之箱箧稍充，若与力图，去籍犹不甚难。"

朱端朝曰："去籍之谋固易，但恐不能使家人无妒。吾计之亦久矣。盛意既浓，沮之则近无情，从之则虞有辱，奈何！然既出汝心，当徐为调护，使其柔顺，庶得相安，否则计无所措也。"马琼琼同意了。

朱端朝回到家中，按照与马琼琼的约定，把她的事情告诉了妻子，并说马琼琼一直在资助他上学，希望有朝一日能回报她，帮她脱离乐籍，免受风尘之苦。妻子见他说得坚决，料想难以阻止，便说："君意既决，亦复何辞。"朱端朝大喜，给马琼琼写信说："初畏不从，吾试叩之，乃忻然相许。"

朱端朝于是托人使得马琼琼脱离了乐籍成为自由人，并把她接回了家中。马琼琼刚到朱家之时，朱妻对她也还客气，妻妾怡然。她把自己的积蓄全部给了朱端朝，朱端朝因此家室比以前富有了。他便修了两座阁楼，以东、西命名，妻子住在东阁，马琼琼处于西阁。

朱端朝在家住了一阵子，不久假期已满，要去赴任了。因为路途遥远，俸禄微薄，朱端朝便不打算携带家眷同往，一个人去赴任了。临行之前,妻妾置酒相别,朱端朝对妻子和马琼琼说:"凡有家信,二阁合书一缄,吾复亦如之。"

朱端朝到了南昌之后,半年才得到家人消息,只有东阁妻子的一封书信。朱端朝并没有把这事情放在心上。但是过了很长时间了,西阁马琼琼的书信却始终不见。朱端朝心中疑惑,便写信索要马琼琼的书信。原来马琼琼在家中颇遭朱妻妒嫉,她的信到不了朱端朝手中。马琼琼于是瞒着朱妻,秘密派遣了一位仆人,给了他丰厚报酬,让他带一个物件给朱端朝,并嘱咐说:"勿令孺人知之。"。

物件到了南昌,朱端朝连忙开阅,不见一字,只见到一把梅雪扇面。朱朝端不明其意,但见画笔清丽,于是反复观玩,结果发现扇面后写了一首《减字木兰花》:

> 雪梅妒色,雪把梅花相抑勒。梅性温柔,雪压梅花怎起头?
> 芳心欲破,全仗东君来作主。传语东君,早与梅花作主人。

在这首词里,马琼琼向丈夫诉说了自己书信不见的原因,便是朱妻嫉妒。朱妻如同冬雪,而自己如同寒梅,寒梅秉性温柔,大雪压头怎抵挡得住?她希望丈夫能够如同司春之神东君一般早日来解救自己。

朱端朝自是坐卧不安,日夜思念马琼琼。他想着自己能够做官,都是依赖琼琼的资助之力,做人不可忘本。于是,他深思熟虑过后,便托患疾寻医之名,弃官而归。

到了家中,妻妾出迎。朱妻深怪丈夫贸然回家,不顾前途。朱朝端设酒与妻妾共饮,言曰:"吾羁縻千里,所望家人和顺,使我少安。昨见西阁所寄梅扇词,读之使人不遑寝食,吾安得不归哉!"妻子说:"君今已仕,试与判此孰是。"朱端朝便道:"此非口舌可尽,可取纸笔书之。"于是作《浣溪沙》一阕云：

　　梅正开时雪正狂,两般幽韵孰优长? 且宜持酒细端详。
　　梅比雪花输一白,雪如梅蕊少些香,无公非是不思量。

　　自后二阁欢会如初,而朱端朝也不再回去当官了。

楚娘

桃红李白皆粗鄙，
争似冰肌莹眼明

宋代有一位名妓名叫楚娘。楚娘生得姿容秀丽，又诗才出众，她自己也很得意，常常以姿学自负。

她曾作有一首《游春》诗：

破晓寻春缓辔行，满城桃李斗芳英。

桃红李白皆粗鄙，争似冰肌莹眼明？

诗中写的是春意盎然之时，她骑着马儿在城中缓缓而行，满城的桃花、李花都开了，争芳斗艳。但是在她看来，嫣红的桃花和雪白的梨花皆是粗鄙不已，怎比得上她的冰肌玉骨、秋水明眸呢？

她还作有一首《桂花》诗：

丹桂迎风蓓蕾开,摘来斜插竟相偎。

清香不与群芳并,仙种原从月里来。

　　这首诗中,楚娘以桂花自比。桂花有天香之称,她便说桂花香气压倒群芳,并不屑于与百花相比,因为它是从月宫里来的,是瑶池仙品,怎么会跟庸脂俗粉同列呢?

　　从这两首诗里可以看出,楚娘自视甚高。她才貌双全,出类拔萃,因而骄傲自信,并不像一般女子一样因沦落风尘而自暴自弃、自怨自艾。她自己也为这几首诗而得意,常常出示《游春》《桂花》这两首诗夸耀于人。容貌与才学给了她强大的心灵支撑,也吸引了不少士人才子慕名来访。

　　宋代女子已经开始有相当的女性意识,为自己的才华或者美貌而骄傲了。与楚娘相类似的,宋代还有位不知姓名的女子,人们称她为浣花女。她曾作过一首毫不谦逊、自负美貌的《潭畔芙蓉》:

芙蓉花发满江红,尽道芙蓉胜妾容。

昨日妾从堤上过,如何人不看芙蓉。

　　楚娘艳名远扬。后有来自三山地区的林茂叔在建昌做官,对楚娘很是欣赏爱慕。楚娘对他也颇有好感,于是二人开始来往。一来二去,楚娘和林茂叔便私订了终身。后来,林茂叔将楚娘带回家中,纳她为妾。

　　林茂叔的妻子姓李,李氏对这个从天而降、貌美如花的侍妾非常不满,对她没有好脸色。楚娘于是题诗于壁曰:

去年梅雪天，千里人追远。

今年梅雪天，千里人追怨。

铁石作心肠，铁石则犹软。

江海比君恩，江海深犹浅。

李氏见到楚娘的词，自我宽慰道："人非木石，胡不能容？"于是与楚娘融洽相处。

盈盈

蜂兮蝶兮何不来？
空使雕阑对寒月

盈盈，吴（今江苏省苏州市）妓，容貌冶艳，能诗词，善歌舞，尤其工于弹筝。当时风流少年争相登其门，不惜金帛也要见盈盈一面。

盈盈自己却另有打算。她品性高洁，厌倦青楼的生活，并不想长久沦落风尘，而是想在这些少年之中选择一位做自己的夫君，因此十分慎重。可惜众少年不是举止轻浮，就是肚中草莽，其中并没有一个她所真正中意的。

盈盈并不灰心，她静静等待着。果然，她等到了一位男子。

有一名魏（今属河北省）人王山，擅长作诗，韵律清新。因省试未及第，他就前往东海（今属江苏省）游玩。就在当地的一场宴会上，王山邂逅了时年才16的吴女盈盈。盈盈风姿绰约，王山一见钟情。两人相谈甚欢，盈盈确信他就是自己要找的人。于是，宴会结束之后，两人就开始同居。

两人感情融洽，如一对真正的小夫妻一般相处，盈盈也视王山为自己的夫君。但毕竟两人并未真正结婚,这也成为了盈盈的一块心病。她希望王山能尽快娶她。

几个月过后,王山要辞别盈盈回家去了。盈盈垂泣悲啼,不能自已。第二年,盈盈寄了一首《伤春曲》给王山,其词云:

> 芳菲时节,花压枝折。蜂蝶撩乱,阑槛光发。
> 一旦碎花魂,葬花骨,蜂兮蝶兮何不来? 空使雕阑对寒月。

她希望王山能早日来接她过门,于是在诗中暗示、呼唤,希望他“花开堪折直须折,莫待无花空摘枝”,莫错过了她的花期。

王山读了之后,明白了盈盈的心意,于是回复了她一首长诗。

在诗中,王山详细地记录了两人相遇、相识及相爱的经历,诗中盛赞盈盈的才貌,满是对盈盈的爱慕与思念。

盈盈读到王山的诗之后,芳心安慰,又写了一首《寄王山》:

> 枝上差差绿,林间簌簌红。
> 已叹芳菲尽,安能樽俎空。
> 君不见铜驼茂草长安东,金玉镳勒雪花骢。
> 二十年前是合资少,累累昨日成衰翁。
> 几时满饮流霞钟,共君倒载夕阳中。

王山收到盈盈的诗,想带她一起去游东山(今属福建省),便给她写信表明心意。可是第二年初夏时王山得了病,没能去赴约。

盈盈自王山离去之后,日夜思念,常常醉卧不起。后来盈盈根据约定到了东山,王山却因患病无法赴约。盈盈忧思成疾,不久病逝。秋天时王山的病终于好了,当他赶到约定地点的时候,却得知盈盈已经死了。王山伤感不已,作诗凭吊说:

香魄已飞天上去,凤箫犹似月中闻。

纵然却入襄王梦,会向阳台忆使君。

徐君宝妻

从今后，断魂千里，
夜夜岳阳楼

徐君宝妻，南宋末年岳州（今湖南省岳阳市）人，典籍里并没有留下她的姓名。

南宋恭帝元年（1275）四月，元将阿里海涯攻入湖南岳州。第二年二月，整个湖南沦陷。接着，南宋京城临安失陷。兵荒马乱之中，岳州人徐君宝不幸死于敌手，他的妻子被元兵所掠，自岳州押解到杭州，拘留在南宋初年抗金名将韩世忠的故居中。

徐君宝妻秉性刚烈，貌美多才。从被俘开始，元兵的主帅就对她虎视眈眈、垂涎欲滴，在从岳州到杭州数千里的押解路途上，有好几次想欺辱她，但每一次都被她用巧计脱身。元帅大怒，想杀了她，但见她容貌绝美，风致楚楚，便一度忍了下来。但徐君宝妻心中如明镜一般，很清楚自己的处境，知道自己就算躲得了一时，也躲不了一世，便做好了以身赴死的准备。

当元兵主帅终于按捺不住，再次企图施行强暴行为的时候，她从容不迫地说："俟妾祭先夫，然后君妇不迟也，君奚用怒哉？"元兵主帅听到她答应祭祀丈夫之后再遂自己意愿，于是转怒为喜，应允了她的要求。

她严妆而出，焚香祷告，再拜默祝，向着南方岳州的方向饮泣良久。最后，她挥笔在壁上题写《满庭芳》词一首：

汉上繁华，江南人物，尚遗宣政风流。绿窗朱户，十里烂银钩。一旦刀兵齐举，旌旗拥、百万貔貅。长驱入，歌楼舞榭，风卷落花愁。

清平三百载，典章文物，扫地俱休。幸此身未北，犹客南州。破鉴徐郎何在？空惆怅、相见无由。从今后，断魂千里，夜夜岳阳楼。

这首词写完，她便了却了一桩心事。放下笔后，她趁人不备，投入池中而死。

明代陶宗仪《辍耕录》记载："岳州徐君宝妻某氏，亦同时被掳来杭，居韩蕲王（韩世忠）府。自岳至杭，相从数千里，其主者数欲犯之，而终以计脱。盖某氏有令姿，主者弗忍杀之也。一日主者怒甚，将即强焉。因告曰：'俟妾祭谢先夫，然后乃为君妇不迟也。君奚怒哉！'主者喜诺。即严妆（盛妆）焚香，再拜默祝，南向饮泣，题《满庭芳》词一阕于壁上，已，投大池中以死。"

除此之外，《太平广记》卷六还记有她的《霜天晓角·蛾眉亭》一阕。

双峦斗碧，寒玉雕秋壁。两道凝螺天半，横无限、青青色。
拍案涛声急。似鼓临邛瑟。窗下镜台鸾去，空留得、春山迹。

但这首词的作者还存在争议，也有说是明末清初的才女徐媛所作。

太液芙蓉，浑不似、旧时颜色

王清惠

王清惠，字冲华，为宋度宗昭仪。她在宋度宗还是皇太子时，就进入东宫，因长得窈窕秀美，又生性聪明，很受太子的宠爱。后来太子继位，王清惠被任命为内宫尚书省的执笔，协助度宗处理内廷文书。

她居于后宫之中，精通翰墨，工作出色，颇受度宗赏识，很是春风得意，有着"名播兰簪妃后里，晕潮莲脸君王侧"的快乐回忆。她所过的是不问世事、调脂弄粉的生活。深宫难免有寂寞之时，但也颇为富贵悠闲，她为昭仪，是九嫔之首，又很受宠爱，无人敢看轻她。她从来没有想到，后来她竟然亲身经历了兵临城下、山河破碎的苦楚。

德祐二年（1276）正月，元兵攻入临安（今浙江省杭州市），临安沦陷，南宋灭亡。三月，王清惠随南宋皇室作俘北上。他们日夜被驱赶，历经艰辛，行走了整整 62 天才到达元大都。

途径北宋时的都城汴梁夷山驿站时，王清惠深切地感受到亡国之痛，胸中气血翻腾，再也忍不住，于是，她在驿站墙壁上题了首《满江

红·太液芙蓉》。这是王清惠留下的唯一一首词:

　　太液芙蓉,浑不似、旧时颜色。曾记得、春风雨露,玉楼金阙。名播兰簪妃后里,晕潮莲脸君王侧。忽一声、鼙鼓揭天来,繁华歇。

　　龙虎散,风云灭。千古恨,凭谁说。对山河百二,泪盈襟血。客馆夜惊尘土梦,宫车晓碾关山月。问嫦娥、于我肯从容,同圆缺。

　　据说此词数月后也被胁迫北行的谢太后看到,因而传遍中原。文天祥、邓光荐、汪元量等皆有词相和。

　　到了大都之后,王清惠因为她的身份与才华,便担负起教育宋朝幼帝的责任。她随着幼帝(后来被元削去帝号)从大都到上都,经居延、天山,又返回大都。她辗转流离,受尽凌辱,达10年之久。

　　入元之后,一同被俘的宫廷乐师汪元量心怀故国,与王清惠等南宋旧宫人时常唱和。汪元量不仅是宫廷琴师,也是诗人、词人。李珏跋汪元量所撰《湖山类稿》,称他“亡国之戚,去国之苦,艰关愁叹之状,备见于诗”,“亦宋亡之诗史”。其诗多慷慨悲歌,有故宫离黍之感。他作有一首《秋日酬王昭仪》:

　　愁到浓时酒自斟,挑灯看剑泪痕深。
　　黄金台愧少知己,碧玉调将空好音。
　　万叶秋风孤馆梦,一灯夜雨故乡心。
　　庭前昨夜梧桐雨,劲气萧萧入短襟。

　　而王清惠亦有赠诗《捣衣诗呈水云》:

　　妾命薄如叶，流离万里行。

　　燕尘燕塞外，愁坐听衣声。

　　在这乱世之中，即使是像王清惠这样的才女也命薄如叶，随波漂流，已距离故国万里之遥，尚不知明日又将漂向何方。夜晚，她在北方塞外的烟尘之中，仿佛听到江南水边的捣衣之声，种种愁绪，涌上心头。

　　汪元量因琴技得到元人赏识。后来他请求南归，也得到了元世祖的许可。因元人尊崇道教，于是汪元量出家为道士，顺利离开大都，回到江南。

　　临行之前，王清惠等18位旧宫人和他一起鼓琴饮酒，并吟诗作别，不数声，哀音哽乱，泪下如雨。王清惠的诗为《送水云归吴》：

　　朔风猎猎割人面，万里归人泪如霰。

　　江南江北路茫茫。粟酒千钟为君劝。

　　北风猎猎，如小刀一般刺着人的脸，也刺着人的心。想到故友归去，虽是喜事，自己却仍然羁留他乡，禁不住坠下泪来。此次一别，江南江北，长路漫漫，于是只能殷勤举杯，劝君更尽一杯酒。

　　她还作了一首《李陵台和水云韵》，与汪元量唱和：

　　李陵台上望，答子五言诗。

　　客路八千里，乡心十二时。

　　盂劳欣已税，区脱未相离。

　　忽报江南使，新来贡荔枝。

汪元量回到江南之后,王清惠还作有《秋夜寄水月水云二昆玉》,寄了给他:

> 万里倦行役,秋来瘦几分。
> 因看河北月,忽忆海东云。

身在异地,她时常愁肠百结,心怀故国,只好借酒浇愁,挑灯看剑,泪湿衣裳。某一个秋日的夜晚,她听到落叶之声,再看满窗寒月,又起了思乡之心,于是又写下了一首诗:

> 愁到侬时酒自斟,挑灯看剑泪痕深。
> 黄金台迥少知己,碧玉调高空好音。
> 万叶秋声孤馆梦,一窗寒月故乡心。
> 庭前昨夜梧桐雨,劲气潇潇入短襟。

后来王清惠自请为女道士,号冲华。终其一生,她也没有能回到魂牵梦绕的江南,回到自己心心念念的故乡。

还似远山秋水际，夜来吹散一枝梅

王文淑

王文淑，临川人，是北宋著名文学家、政治家王安石的妹妹。王安石自己才华横溢，学富五车，诗词文俱精，他的家族里也是满门才女，他的妻子、妹妹、女儿、侄女均善于作诗。

北宋人魏泰《临汉隐居诗话》称："近世妇女多能诗，往往有臻古人者。王荆公家最众。"他称赞王安石的妻子吴氏、妹妹张奎妻、女儿吴安持妻、侄女刘天保妻能文工诗，佳句颇多，"皆脱洒可喜"。而其中，妹妹张奎妻即王文淑的才华显得尤为突出，被认为"荆公之妹佳句最多"。

《隐居诗话》还认为，王安石的名句"草草杯盘供笑语，昏昏灯火话平生"其实是王文淑的作品。但是王家满门才女，却没有几首诗词流传下来，就连最为出色的王文淑，流传下来的作品也只有寥寥几首，实在可惜。

王文淑从小就工诗善书，强记博闻，明辨敏达，聪慧过人。到了14岁那年，她遵从父亲的意思，嫁给了尚书侍郎张奎，封"长安县君"。

在闺中之时，她也是个活泼可人的少女。她曾经见到亲族妇女用白罗带子系头，那新裁的白罗带子如雪一般洁白，系在乌云一般的头发上，而系带子的那根饰品也十分精致，仿佛明净水畔的一枝梅花。于是，她随手作了一首诗《戏咏白罗系髻》，十分轻快生动：

香罗如雪缕新裁，惹住乌云不放回。
还似远山秋水际，夜来吹散一枝梅。

据《闺秀正始集》载，王文淑的丈夫是与她不相匹配的。其夫好赌博，以至于倾家荡产。黎平有富家子见王文淑貌美而有才，便诱使她的丈夫卖掉妻子以抵债。丈夫居然真的同意了。

王文淑外柔内刚，坚决不从，并以刀毁面，才未被富家子买去。如此一来，她与丈夫便彻底决裂了，于是回了娘家。以王安石这样的家世，都不能庇佑自己的妹妹，可见当时女子命运之悲惨无奈。

王安石二女儿嫁给宰相吴充之子吴安持为妻，诰封"蓬莱县君"，也善写诗词，多有佳句。其《寄父》诗云：

西风吹入小窗纱，秋气应怜我忆家。
极目江山千里恨，依然和泪看黄花。

她婚姻不幸，泪眼看花，写诗给父亲诉说自己的遭遇。然而王安石亦是无可奈何，古时女子出嫁从夫，就连父亲也无权干涉。王安石于是送给女儿一本《楞严经新释》，劝她"能了诸缘如梦幻"，以一种消极避世的方式来对待自己的不幸命运。

但王文淑对丈夫始终念有旧情。丈夫死后，无人收尸，文淑仍收其尸葬之。她曾写有一首述志诗慨叹自己的不幸命运：

> 人生为女子，缔缘有定分。
>
> 盛衰不可逾，持躬贵淑慎，
>
> 奈何林下贤，亦抱王郎愠。

神宗元丰三年(1080)王文淑去世，时年 56 岁。

罗惜惜

本是好姻缘，
又怕姻缘假

罗惜惜是一位生在南宋理宗端平年间(1234—1236)的浙东女子。她生性灵慧，父母疼爱她，便把她送到邻家，让她跟邻家少年一起读书。因此罗惜惜长大之后，博览群书，擅长诗文。

邻居少年名唤张幼谦，巧的是他和罗惜惜是同年同月同日生。两人一起读书识字，一起玩耍嬉戏，青梅竹马，两小无猜，渐渐彼此都产生了情愫。两家父母也知情，觉得正是天造地设的一对，于是到了两人14岁那年，两家父母便为他们定了亲。

定了亲之后，两人都非常欢喜。他们经常在一棵石榴树下约会，细细诉说彼此总也说不完的心事，可谓"酒逢知己千杯少，话不投机半句多"。可是有一天，罗惜惜突然再也没有来和张幼谦约会了。

张幼谦望穿秋水，相思难耐，于是写了一首《一剪梅》派人送给她，向她吐露心意，希望能早点娶她过门。他认为，两人同年同月同日生又是同窗，同学同玩，一同长大，如此缘分，太是难得，希望两人能早日成双入对，成一对佳侣：

> 同年同月又同窗，不似鸾凤，谁似鸾凤？石榴树下事匆忙，惊散鸳鸯，拆散鸳鸯。
> 同年不到读书堂，教不思量，怎不思量？朝朝暮暮只烧香，有份成双，愿早成双。

结果词送出之后，还是杳无音讯。张幼谦忧心忡忡，反复思量之后，折了一枝梅花，又写了一首诗，连梅花带诗，都寄了给她，诉说自己的相思之情：

> 昔人一别恨悠悠，犹托梅花寄陇头。
> 咫尺花开君不见，有人独自对花愁。

寄予梅花，代表的也就是思念之情。罗惜惜看了之后，心中感动。她其实也很思念情郎，于是暗地里捎给张幼谦十枚金钱和一粒通体红亮的相思子，以表示她的相思之意。张幼谦大喜，又写了一首诗给她：

> 一朝不见似三秋，真个三秋愁不愁？
> 金钱难买尊前笑，一粒相思死不休。

见儿子被相思折磨得不成样子，张家父母便亲自去罗家商量两人的婚事，结果终于知道了罗惜惜一反常态的原因。原来，罗家父母自从定亲之后，越来越不满意张家的家世，认为罗惜惜可以有更好的选择。他们提出要求，除非张幼谦高中进士并出仕做官，否则不会把罗惜惜嫁给他。

张幼谦知道张家父母的心意之后，便开始极其刻苦地攻读，指望着能一举高中，迎娶罗惜惜。不久他出门会考，自觉考得不错，高高兴兴地回来，结果得知了一个噩耗：罗惜惜父母已经接受了另一辛姓人家的聘礼了，打算把惜惜嫁给辛家。

张幼谦心中大恨，气得几乎吐血，作了一首《长相思》给罗惜惜：

天有神，地有神。海誓山盟字字真，如今墨尚新。

过一春，又一春。不解金钱变作银，如何忘却人。

罗惜惜看了后，再也按捺不住心中对爱情的渴望了，于是又开始偷偷地和张幼谦约会。罗惜惜家后花园的一堵墙边，种了很多山茶树，张幼谦在墙那边可以抓住山茶树的枝叶攀爬到墙上，然后罗惜惜在墙这边放了一个竹梯子，方便张幼谦下来。

他们已经许久未见。见了面后，罗惜惜欢喜不已，赋了一首《卜算子》，倾吐自己的相思之情：

幸得那人归，怎便教来也？一日相思十二辰，真是情难舍！

本是好姻缘，又怕姻缘假。若是教随别个人，相见黄泉下。

张幼谦心中狂喜，即和了她一首《卜算子》，以表真心：

去时不由人，归怎由人也。罗带同心结到成，底事教拼舍。

心是十分真，情没些儿假。若道归迟打掉篦，甘受三千下。

　　两人相拥而泣，山盟海誓，发誓再也不分离。可惜半个月后，他们的约会被罗惜惜的父母发觉了。罗父竟将张幼谦扭送到衙门去，告他勾引自己的女儿。罗惜惜羞愤交加，便要跳井自杀，所幸被家人拦住。

　　正闹作一团的时候，忽然传来捷报，张幼谦考中了进士。于是，县令亲自做主，判决两人成婚。罗惜惜的父母见张幼谦果然中举了，也只能遵守承诺，把女儿嫁给了张幼谦。一对有情人终成眷属。

窗前竹叶，
凛凛狂风折

张淑芳

张淑芳，南宋末期人，出身寒微，为西湖樵夫之女。她生得极其美貌，如湖上初发芙蓉，莹洁明丽，风神飘逸，因此在宋理宗全国大选宫嫔时被选中，被带去了南宋都城临安（今浙江省杭州市）。

张淑芳实在是容色照人，见到她的人没有一个不被她的美貌所倾倒的。奸臣贾似道见到之后，更是魂不守舍，便想将她据为己有。于是，贾似道悄悄地把她带到自己的府邸，并纳她为妾。

张淑芳不仅美貌，而且多才，善写诗词。贾似道如获至宝，对张淑芳十分宠爱。但张淑芳并不是一般的女子，她除了拥有如花容颜与过人才华，还具有出众的见识。早在民间之时，她就曾听说贾似道的恶行，对他极为憎恨，不过虚与委蛇而已。她又见山河飘摇，岌岌可危，感到南宋气数将尽，奸臣必亡，于是暗自打算，悄悄地在五云山下的九溪坞置了别墅，为自己留了一个退路。

果然，宋理宗"山外青山楼外楼，西湖歌舞几时休"的奢侈生活并没有持续太久。咸淳九年(1273)，襄阳陷落。德祐元年(1275)，贾似道被朝廷派遣率精兵13万出师迎战于丁家洲(今天安徽铜陵东北江中)，结果水陆两军皆败。贾似道乘单舟逃奔至扬州。群臣请诛，贾似道被朝廷抄家，并被贬为高州团练副使，循州安置。

监押贾似道的使臣叫郑虎臣。他早就对贾似道恨之入骨。行至漳州木棉庵时，郑虎臣悄悄动手，手起刀落，将奸臣贾似道杀死。百姓知道后，无不拍手称快。

贾似道死后，郑虎臣并没有为难他的家人，而是遣散了他众多的侍妾，让她们自行返回娘家，过上平凡人的生活。张淑芳早已无家可归，便趁此时奔赴自己早已准备好的九溪坞别墅，并削发为尼，过起了与世隔绝的清静生活。

张淑芳擅长作小词，在风景优美的九溪坞畔，她写下了不少佳作，如今留存词3首，收录于《古今词话·词话》卷上，寥寥数语，记录了她后半生的宁静与孤独。

山中清幽安静，这是她在奸臣府邸时梦想过无数次的自由自在的生活，她终于可以在这大山之中自由呼吸，感到无拘无束的快乐。在山前散步，闻到春天的嫩草散发出来的芬芳，看到红阑下一池青青春水。时不时有花儿坠落在绣着花儿的衣服上，哪些是绣的花儿，哪些是真的花儿，都快分辨不出来了。她写下了一首《浣溪沙》：

散步山前春草香，朱阑绿水绕吟廊。花枝惊堕绣衣裳。
或定或摇江上柳，为鸾为凤月中篁。为谁掩抑锁芸窗。

然而，独居的生活到底是凄凉的。春去秋来，秋风瑟瑟，她很快感到了孤独。青灯古佛，凄风冷雨，长夜漫漫，最难将息。她写下了一首

《更漏子》:

> 墨痕香,红蜡泪,点点愁人离思。桐叶落,蓼花残,雁声天外寒。
> 五云岭,九溪坞,待到秋来更苦。风渐渐,水淙淙,不教蓬径通。

到了冬天,雪花漫天,万物萧瑟,更感凄凉,夜里也是辗转难眠。狂风把窗前的竹叶都给吹断了,而自己身着寒衣,怯弱不堪,只能静静等待春天的来临。只有一盏孤灯静静照耀,带来些许光明,让她一字一泪地吟诵着诗词,只有梅花知道她心中的痛苦,散发出馥郁的芳香来安慰她。她把这些感触,都记录在了这首《满路花》中:

> 罗襟湿未干,又是凄凉雪。欲睡难成寐、音书绝。窗前竹叶,凛凛
> 狂风折。寒衣弱不胜,有甚遥肠,望到春来时节。
> 孤灯独照,字字吟成血。仅梅花知苦、香来接。离愁万种,提起心
> 头切。比霜风更烈。瘦似枯枝,待何人与分说。

但在那个风雨飘摇的年代,张淑芳能够以胆识与智慧给自己妥善安排一处安身之所,得以善终,已经是最好的结局了。

风前月下，花时永画，

洒泪何言

谭意哥

　　谭意哥，南宋人，出身寒微，为樵夫之女。她小名英奴，自幼就父母双亡，流落到长沙，被一个姓张的篾匠所收养。10 岁那年，英奴被卖到了青楼。老鸨见她聪明伶俐，于是悉心调教。

　　英奴本就灵慧，再加上勤奋练习，长大之后，出落成一位琴棋书画、诗词歌舞无所不会的才女。她的名气越来越大，很快就成了红极一时的官妓。同时她也改了个名字，叫谭意哥。

　　谭意哥生得冰肌玉骨，天生丽质难自弃，她每日都精心装扮，妆容甚浓。有一日，在客宴上，有个叫蒋田的官员指着谭意哥的脸嘲笑道："冬瓜霜后频添粉。"这自然是嘲笑谭意哥的浓妆了。谭意哥微微一笑，拉着蒋田的官服袖子回敬道："木枣秋来也着绯。"宋代四五品官员，是可以穿朱红色的衣服的。蒋田听后，不由得暗暗佩服谭意哥的伶俐机敏。

　　又有一日，长沙有个姓魏的谏议大夫约了谭意哥一行人去岳麓山游玩。岳麓山上绿意盈盈,山风吹枝叶,青萝拂衣裳,众人胸怀都为之一畅,心旷神怡。谏议大夫兴之所至,开口吟道:"朱衣吏引登青障。"谭意哥应声而答:"红袖人扶下白云。"对仗十分工整,且意境超逸,众人纷纷赞叹。

当时有位姓刘的宰相镇守长沙时,也曾带上谭意哥去岳麓山观光。在望山亭,谭意哥四望青青,古木森森,又想起岳麓山上诸多瑰艳传说,于是即兴吟了一首诗:

真仙去后已千载,此构危亭四望赊。

灵迹几迷三岛路,凭高空想五云车。

清猿啸月千岩晓,古木吟风一径斜。

鹤驾何时还古里,江城应少旧人家。

刘宰相听后大为赞赏,赞她简直是一"诗妖",说完便问起意哥的身世来。意哥毫不隐瞒地向他诉说了自己悲凉孤苦的身世。刘宰相对于意哥的遭遇,也感到十分同情和惋惜,于是问她想不想从良。意哥感到万分欣喜,立即请求刘宰相帮自己脱离妓籍从良,刘宰相欣然答应。从此,谭意哥不再为官妓了。

这时有一个叫张正字的人任职潭州茶官,与谭意哥偶然邂逅,一见钟情。于是两人在一起生活了两年,情深意切,海誓山盟,仿佛一对真正的夫妻。

有一天,张正字因调动官职,要回到京师里去做官。这天,谭意哥忧心忡忡地为张正字饯行。张正字知道谭意哥的心意,对她表示,自己会对她始终如一,不离不弃。谭意哥相信了。

张正字走后,谭意哥才发现自己已经怀孕了,但她只能待在家中,等待着张正字的归来。两人分隔两地,也只能靠书信来互诉衷肠了。

转眼已是暮春时节,春风和煦。清明节过后,遍地落花,已不见昔日繁花似锦的盛景,好不凄凉。她想起当年花前月下的浓情蜜意,禁不住洒下泪来,在思念之中写下了一首《极相思令》,寄给了张正字:

湘东最是得春先,和气暖如绵。清明过了,残花巷陌,犹见秋千。

对景感时情绪乱,这密意、翠羽空传。风前月下,花时永画,洒泪何言。

她并没有得到张正字的回复,秋去春来,又是一年。她看到燕子归来,梨花满院,而良人还不归。于是又写下了一首《长相思令》:

旧燕初归,梨花满院,迤逦天气融和。新晴巷陌,是处轻车骏马,禊饮笙歌。旧赏人非,对佳时、一向乐少愁多。远意沉沉,幽闺独自颦蛾。

正消黯、无言自感,凭高远意,空寄烟波。从来美事,因甚天教,两处多磨。开怀强笑,向新来、宽却衣罗。似恁他、人怪憔悴,甘心总为伊呵。

她仍然得不到张正字的任何回复,他是一去之后杳无音讯了。意哥终究寂寞难抵,于是又写了一封信,并附上《寄张正字》诗一首寄予他:

潇湘江上探春回,消尽寒冰落尽梅。

愿得儿夫似春色,一年一度一归来。

结果依旧是无声无息。谭意哥只是含辛茹苦地闭门养子而已。直到后来,她终于得知了事情的真相。

其实此时的张正字,已经娶了一位孙姓的小姐为妻了。孙家高门大户,对他的仕途自然大有好处。他早已把谭意哥抛诸脑后,过起了自己的小日子,就像从来没有遇到过她一样。

意哥这才意识到自己真的是被抛弃了。于是,她又寄去一封信,信中悲戚缠绵。但无论她如何伤心,张正字已经不会回来了。她只能独自带着孩子艰难度日,寂寞余生,尔后黯然离世。

满阶芳草绿，一片杏花香

刘彤

刘彤，字文美，北宋江宁（今江苏省南京市）人，章文虎之妻。清代冯金伯所著《词苑萃编》卷二十四记载："江宁章文虎，其妻刘氏名彤，文美其字也，工诗词。"

章文虎是一名秀才，常年做官在外，所以夫妻难以团聚。寂寞的妻子多情又多才，便常常写诗作词以抒发心志。

有一天，刘彤写有一首《临江仙》词寄给章文虎：

千里长安名利客，轻离轻散寻常。难禁三月好风光，满阶芳草绿，一片杏花香。

记得年时临上马，看人泪眼汪汪。如今不忍更思量，恨无千日酒，空断九回肠。

丈夫为了追名逐利，做官在外，轻言别离。刘彤独自一人守在闺房。而如今到了阳春三月，风光旖旎，满阶芳草，杏花生香。她不由得想起当年分别上马之时，二人依依不舍，执手相看泪眼，竟无语凝噎的场景。而如今再也不忍心多想别离场景，只叹息没有千日一醉的酒让她逃脱这现实的烦恼，这烦恼已让她柔肠寸断，饱受相思之苦。这首词委婉缠绵，含蓄蕴藉，感染力极强。

章文虎收到词后，非常赞赏妻子的才气，于是拿给身边的朋友看，四处炫耀他有这么一个才华出众的妻子。众人都是称赏不已，章文虎极为得意。

刘彤知道后，又好气又好笑，又给丈夫寄去两首题为《寄外》的诗：

　　碧纱窗外一声蝉，牵断愁肠懒尽眠。
　　千里才郎归未得，无言空拨玉粘烟。

　　尽扇停挥白日长，清风细细袭罗裳。
　　女重来报新簪熟，安得良人共一觞。

诗后，她还附上了几行文字，说："向日寄去诗曲，非敢为工，盖欲道衷肠万一耳。何不掩恶，辄示他人，适足取笑文虎也。本不复作，然意有所感，不能自已，小诗草二章四句奉寄。"

她的意思是，之前寄去诗词给丈夫，并不是为了显示自己的才华，而是为了对丈夫一诉衷肠，而诗中的情意，还不及本人思念之情的万分之一。而丈夫却轻易把自己并不认为好的诗词拿给人看，这不是招人取笑吗？因为丈夫的举动，她本来不想再作诗词了，却无法控制自己的感情，又写下了两首小诗寄给丈夫，希望丈夫明白自己的一片苦心。

好是一时艳，本无千岁期

谢希孟

谢希孟，字母仪，北宋女诗人，她才华卓著，著有《女郎谢希孟集》二卷，并和哥哥谢伯景合著有《谢氏诗集》。但可惜的是，她的作品大量散佚，只有一首诗和几章残句收集在《全宋诗》中传世。

谢希孟只活了短短 24 年。她的生平事迹也语焉不详，但她的才华在这些少量存世的作品中熠熠生光，不可忽视。

谢希孟出身缙绅世家，自其高祖父谢瑶，至其父谢徽，兄弟谢伯初、谢伯景、谢伯强，都是进士，并且都还是诗人和文学家。她的母亲吕氏也出身名门，精通文墨。在这样的环境中长大，谢希孟耳濡目染，自然成为了一名饱读诗书的书香才女。而她也喜好写诗，笔耕不辍，小小年纪，便已积下厚厚一叠诗稿。她心思玲珑且灵巧，庭院里的花开花落，云卷云舒，夕阳晚霞，夜空流萤，一切细微但美好的感触，都能在她笔下绽放成一首又一首秀丽小诗。

　　谢希孟的哥哥谢伯景是欧阳修的好友至交，他对妹妹的才华欣赏备至，一直为妹妹的文才而骄傲，但他也知道深闺女子难以像男子一样以诗扬名，为此感到遗憾。他不忍妹妹的才华就此湮没，很希望能帮妹妹出版诗集，让她也像班昭、谢道韫那样成为流芳后世的一代才女。而谢希孟也对自己的诗文珍爱有加，每首作品都仔细保存着，并从中精选了100多首诗，编选成一本集子，交给了哥哥谢伯景。

　　但没有等到诗集出版，谢希孟就去世了。去世的原因典籍里也没有记载，也许是病逝。她是否嫁人，是否生子，是否满怀着对这个世界的不舍，这些都已经成了谜。

　　但谢伯景在悲痛之余，更加坚定了为妹妹出版诗集的想法，并决定找一位在当时的文坛举足轻重的人物来为诗集作序。

　　某一年，欧阳修到河南许昌拜访谢伯景，谢伯景心中大喜。欧阳修是当时的文坛宗主，如果谢希孟的诗得到他的称赞和推荐，岂不是真的能扬名天下了？于是谢伯景拿出妹妹谢希孟多年来选辑的诗集出示给欧阳修看，并且说明了想邀请他写序的想法，希望能够得到他的支持。

　　欧阳修不看尤可，一看之后赞不绝口，但觉余香满口。他欣然提笔写下了《谢氏诗序》。在序中，欧阳修把谢希孟比作春秋时期杰出的女诗人卫国庄姜和许国穆夫人，他如此评价她的诗歌："希孟之诗，尤隐约深厚，守礼而不自放，有古幽闲淑女之风，非特妇女之能言者也。"欧阳修并不轻易称赞人，他如此肯定谢希孟，可见当时那些清丽诗句的确给了欧阳修很大的震撼。虽然诗中多咏身边之草木，但端雅秀致，深婉大气，不落窠臼，并不是一般闺中女子的温香软语。因此欧阳修赞她"非特妇女之能言者也"。

可惜谢希孟已经离世，再也不能亲耳听到大文豪对她的赞许。但她生前对自己显然是非常自信的。她曾道："英灵之气，不钟于世之男子，而钟于妇人。"坚信女性有不输于男子的才气与灵气。

欧阳修写序的时候，谢希孟早已不在人世。因此，他的笔触于发现杰出诗才的欣喜之余又带了几分沉重："然景山尝从今世贤豪者游，故得闻于当时，而希孟不幸为女子，莫自彰显于世，昔庄姜、许穆夫人录于仲尼，而列于'国风'，今有杰然巨人，能轻重时人而取信于世者，一为希孟重之，其不泯没矣。予固力不足者，复何为哉！复何为哉！"欧阳修拿谢希孟的哥哥与她相比，谢家哥哥才学出众，但因为是男子，能够出门和当今才子们游玩交流，有着较为广阔的天地和视野，他的诗名得以彰显于世。而谢希孟不幸是个女子，无法抛头露面，去展露自己的才华。这样的才女，就这样埋没，实在是太遗憾了。

虽然哥哥谢伯景费尽心思为她诗集的出版奔走，又请动欧阳修为她撰写书序，但是谢希孟的诗集，还是没有像她和她的哥哥所希望的那样流传下来，当时诗集里的100多首诗，到现在已经难觅踪迹。她唯一传世的一首完整的诗是《芍药》，以鲜花喻人生，深婉有思致：

好是一时艳，本无千岁期。

所以谑相赠，载之在声诗。

这首诗赢得了后人的一致认可。钟惺赞道："沉静古湛，清辉娱人。"陆昶赞道："意致隐约，别有古秀之气。"

她还留下了《牡丹》《蔷薇》《踯躅》《凌霄》《朱槿》《曼陀罗花》《蝴蝶

花》等 7 首五古残句。如《牡丹》曰："为花虽可期，论德亦终鲜。"《蔷薇》曰："勾牵主人衣，一步行不得。"《踯躅》曰："薰薰麝脐裂，灼灼猩血殷。"《凌霄》曰："树既摧为薪，花亦落为尘。"《曼陀罗花》曰："盗者得其便，掉头笑且歌。"《朱槿》曰："艳阳一时好，零落千载冤。"《樱桃》曰："谷雨樱桃落，薰风柳带斜。舜弦新曲在，休唱后庭花。"